Parenting
with
Love and
Wisdom

这样爱你刚刚好，我的4—5岁孩子

朱永新　孙云晓　李燕　主编
蓝玫　副主编　　扶跃辉　张丽　本册作者

湖南教育出版社

把幸福还给家庭（代序）

父母的教育素养，直接影响甚至决定着孩子的发展。

在教育中，家庭是成长之源。一个人的一生有四个重要的生命场：母亲的子宫、家庭、学校和职场。其他三个场所随着时间改变，家庭却始终占据一半的分量，是最重要的场所。孩子的成长，最初是从家庭生活中得到物质和精神的滋养。人生从家庭出发，最后还是回到家庭。

在家庭教育中，父母的成长是孩子成长的前提。家庭教育不只是简单的教育孩子，更是父母的自我教育。没有父母的成长，永远不可能有孩子的成长。与孩子一起成长，才是家庭教育最美丽的风景，才是父母最美好的人生姿态！抚养孩子并不仅仅是父母的任务，也是父母精神生命的第二次发育。对孩子的抚育过程，是父母自身成长历程的一种折射。如果父母能够用心梳理孩子的教育问题，就能回顾和化解自己成长中出现的问题，就能实现精神生命的第二次发育，再次生长。

过一种幸福完整的教育生活，是家庭教育的根本朝向。“幸福”不仅仅是教育的目标，更是人类的终极目标。幸福教育是幸福人生的基础。新教育实验的理想，就是让人们快乐、自主地学习，真正地享受学习生活，发现自己的天赋与潜能，在和伟大事物遭遇的过程中发现自我、成就自我。教育本来就是增进幸福的重要途径。挑战未知，合作学习，应该是非常幸福的。所以，家庭应该和学校、社区一道，努力创造让孩子幸福成长、快乐学习的环境。把童年还给孩子，把幸福还给家庭，是我们这套教材的核心理念。

“完整”的内涵比较丰富，但最重要的精神就是让孩子成为他自己。现在教育很大的问题，就是用统一的大纲、统一的考试、统一的评价，把本来具有无限发展可能的人变成了单向度的人。我们的教育是补短，就算把所有的短补齐了，也只是把所有的孩子变成一样了，而不是扬每个孩子所长。其实，真正的教育应该扬长避短。人什么时候最幸福？发现自己才华，找到自己值得为之付出一生努力的方向，能够痴迷一件事情，实现自己的梦想，一个人在这时才是最幸福和快乐的。这就是新教育所说的完整幸福。

如今，教育是父母最关注的问题，但家庭教育却在父母的焦虑中常常脱离了正确的轨道。为了“幸福完整”这一目标，我们的父母应该建设一个汇聚美好事物的家庭，自身也应该成为美好的人，从而帮助孩子成为更好的自己。

理念比方法更重要，但并不意味着方法没有价值，相反，只有好的方法才能让好的理念真正落地。因此，我们邀请了知名教育研究机构的相关专家，精心编写了这套新父母系列教材。这是国内第一套从孕期开始直到孩子成为大学生的父母系列读本，希望能够为不同年龄、不同阶段孩子的父母提供蕴藏正确理念的有效家庭教育方法。

父母对孩子的爱，再多也不嫌多。父母如何爱孩子？随着时代的变迁，方法也在不断改变。如何才能更好地爱？我们以“智慧爱”的理念，探索着充满智慧的、恰到好处的爱的方法，对此还在不断研究之中，这套书也会不断修订。希望广大父母读者及时提出意见与建议，让我们一起完善这套书，让我们对自己、对孩子、对世界，都能爱得刚刚好。

朱永新

2017年6月16日写于北京滴石斋

目 录

第 一 章

1 带来惊喜 也制造麻烦的小“快人”

1. 4—5岁孩子的发展特点

4—5 岁孩子不仅“快人快语”，还是个“喜新厌旧”的好奇“宝宝”。他们对新奇事物、童话和科幻故事充满了无尽的好奇与想象。父母会发现家里常常有拆散了的玩具和四散的零件，那是他们在探究物件的内部构造；父母也会发现，明明他们知道如何快速解决这个问题，却总是爱使用一些稀奇古怪的、看起来笨笨的新方法去尝试解决“老”问题；父母还会发现 4—5 岁孩子特别喜欢“创作”，有时候他们在画纸上把自己天马行空的想象展示出来，有时候他们化身为一个个故事里的人物，生动地演绎着自编自导的故事。“探险”“寻宝”“英雄救美”类的故事永远是他们不变的主题。“超人”“魔法师”“冒险家”等都是他们最爱的人物。

然而，上述这些特征只是 4—5 岁孩子的一些典型特征。4—5 岁孩子的“魅力”远不止于此。下面就从身体发育与动作发展、认知与语言提高、情绪情感的发展以及社会性等方面分别来谈谈这个年龄段孩子的一些性格特点与典型行为。

身体发育与动作发展

在4—5岁的这一年里，孩子的身体发育是相当稳定的。男孩的平均身高在104厘米左右，女孩的平均身高约为103厘米。4岁孩子的平均体重为16千克，男孩会略重于女孩。这个年龄段孩子的身体运动能力有了很大的发展。

父母最直接的感受是这个年龄段的孩子体力明显增长，精力用之不竭。他们喜爱在户外跑、跳、攀爬，进行球类运动，还热衷于挑战高难度的动作。因此，简单的运动总是被他们搞得"火药味"十足。这个年龄段孩子的身体平衡性也明显增强，能够顺利走过低矮的直线平衡木，进行单脚连续跳跃，可以单脚站立10秒左右。他们的左右手更加灵活，不仅能够使用剪刀剪直线，折纸和进行简单的绘画，还可以在没有大人的帮助下拉开和闭合拉链，扣扣子和解扣子，自己穿脱鞋子，独立洗漱和进食等。

认知与语言的发展

4—5岁孩子的认知能力有了很大的发展。他们的反应能力和学习能力明显提高，但是父母总觉得他们缺乏耐心，变来变去。其实他们的注意力已经具有一定的稳定性和持续性。鉴于他们的语言能力飞速发展，他们还会借助语言的帮助，将自己的注意力较长时间地维持在眼前的任务上。4—5岁孩子喜欢与人沟通，他们会在聊天的过程中悄悄地学习语言。他们喜欢讲故事，尤其喜欢将自己天马行空的幻想编成非常具有戏剧性和冒险性的故事讲给父母和同伴听。他们的语言有时候是添油加醋的夸张辞藻，有时候又是神秘兮兮的悄悄话。他们讲起话来俨然一个个小大人。

情绪情感的发展

4—5 岁孩子的情绪表达内容出现了转变。他们喜欢交朋友，却总是方法不当，容易动手，比较霸道，攻击性强。他们受到语言能力水平的限制，没有足够的能力表达清楚自己的情绪情感。与此同时，这个年龄段的孩子已经形成一些道德标准。他们会用这些标准衡量自己，但更多的时候是用此来衡量别人的行为是否符合道德规范。他们常常会因为别人不遵守一些道德规范而产生消极情绪或不当的行为。因此，这个年龄阶段的孩子在情绪情感发展中容易出现很多的新问题。父母需要用更多的时间与耐心去了解孩子的情绪，教会孩子合理地发泄不良情绪，并学习自我情绪控制与情绪调节的方法，引导孩子理解他人的情绪，协调自我与他人情绪之间的关系，从而帮助孩子成为自己情绪的“主人”。

社会性的发展

4—5 岁孩子开始具备一些重要的社会技能。这个年龄段的大多数孩子已经历了一年幼儿园的集体生活，同伴交往范围越来越大，交往需求与交往能力都有所发展。有关“友谊”和“朋友”的话题成了 4—5 岁孩子生活中必不可少的谈话内容。但是他们在社会认知方面仍然是以自我为中心，考虑问题只从自己的角度出发。他们对“朋友”的理解，常常认为那些和自己一起玩耍的，听自己话的，能让自己开心的伙伴才是朋友。这个年龄段的孩子还具有较强的成就动机。他们认真努力做事情的原因往往是惧怕失败，甚至他们有时候会因为太害怕失败而不敢行动。这样的行为表现主要是 4—5 岁孩子过于看重事物的“结果”，而忽视“过程”的重要性所致。此外，这个年龄段的孩子开始对爱情、婚姻、友谊的问题表现出强烈的好奇心。父母会很容易地发现他们的理解和成年人的理解有很大的不同。

总而言之，4—5 岁孩子喜欢在户外攀、跳和赛跑，但这样的剧烈运动不免会有磕磕碰碰。这个年龄段的孩子认知事物的速度很快，但似乎缺少耐心与长久性，“喜新厌旧”的速度也很快。他们虽然能够清晰表达很多内容，但在情绪方面却总被冠名“易激动”或“易失控”。突然间对“爱情”和“婚姻”的强烈好奇心总是让父母难以招架。听起来，4—5 岁孩子易受伤，爱闯祸，添麻烦，难管教，好像不是一个可爱而乖巧的孩子。但是，如果父母换个角度看待这个年龄段的孩子，不以苛刻的标准去衡量他们，父母就能够欣赏与享受这个年龄段孩子的可爱和魅力了。

2. 给父母的教养建议

4—5 岁孩子的变化和发展会使父母惊喜不已。孩子对外部世界及精神活动的兴趣逐步增强。孩子白天上幼儿园，与父母相处的时间也大为减少。父母要紧紧跟随孩子发展的脚步，在孩子最需要的时候，以他们最需要的方式来提供帮助。

理解并鼓励孩子的合理幻想

4—5 岁孩子喜欢幻想，幻想对幼儿的人格成长有着重要的价值。幻想能培养孩子的想象力，丰富孩子的情感体验，增强孩子的交际能力，提高孩子分析和解决问题的能力，让孩子保持心理平衡，还能增添亲情和友情等。父母要理解幻想对孩子发展的价值，并创造条件让孩子合理幻想。

父母要丰富孩子的日常体验，为孩子的想象提供素材。有意识地引导孩子观察周围的事物，不断地丰富与积累孩子的感性经验。

父母要营造宽松的氛围，激发孩子想象的灵感。在宽松的环境中，父母要多欣赏、鼓励孩子，让孩子保持心情愉快、身心舒畅，这样会让孩子容易出现更多的创造灵感。

父母亲自设计并与孩子一起参与各种富于幻想的游戏，如过家家、扮演警察捉强盗等，也不失为鼓励孩子张开幻想翅膀的好方式。

父母还可为孩子提供优秀的童话或故事书。亲子阅读之后还可以鼓励孩子增添故事里的新人物或补充新的情节，并由此创造出更为引人入胜的幻想故事。

宽容对待孩子的过失行为

4—5 岁孩子进入主动期阶段，这个阶段的孩子萌发了责任感和道德感。他们开始留意父母和老师的反应，并根据具体的反应对自己的行为做出判断。当 4—5 岁孩子违反一些行为规则时，别人所给出的警告会让他们感到内疚。如果孩子真的做出了不当的行为，他会为此感到后悔，而这种内疚和后悔能引导孩子更好地控制自己的行为。

在孩子做错事情的时候，不要对孩子进行严厉的指责、惩罚，否则孩子会形成夸张的负罪感。父母需要用更温和、更健康的方法规范孩子的行为。父母在处理孩子的过失行为之前，要知道孩子为什么会这样做。有时候孩子只是渴望被关注，有时候孩子只是想探索外在的世界，有时候孩子只是不小心做错了事。父母要让孩子知道，尽管他们做错了事，父母仍然会爱他们。对孩子的良好表现要及时给予肯定与表扬，引导孩子做出正确的行为。

和孩子一起“玩”艺术

孩子都是天生的艺术家，具有自己独特的想象力、创造力和鉴赏力，而且每个特定年龄阶段的幼儿都具有相应的艺术能力发展特征。艺术是孩子自我表达、自我宣泄的途径。父母可以透过孩子的艺术作品，如绘画作品等来理解孩子的思维，发现孩子的问题。父母要充分创造条件和机会，在大自然和社会文化生活中启发幼儿对美的感受和体验，丰富其想象力和创造力，引导孩子学会用心灵去感受和发现美，用自己的方式去表现和创造美。

父母要尊重与理解孩子。父母要了解孩子身心发展和艺术发展的特点，对孩子的艺术表现和艺术创作给予充分的理解、尊重和鼓励。父母要意识到孩子有他自己的表达方式，善于倾听孩子对自身创作的解读，站在孩子的角度去理解他们的艺术表现，并给予充分的肯定。父母要提升自身的艺术修养，在生活中发现美，创造美的环境，和孩子一起来分享、品味生活中的美。

培养孩子管理自己情绪的能力

4—5 岁孩子情绪更趋稳定，具备一定的自我控制和移情能力，“坏脾气”也越来越少。但是他们面对特别感兴趣的事物时，仍然受到情绪支配，会出现情绪失控现象，遇到不顺心的事情仍会大发脾气。这个阶段，父母要引导孩子健康的情绪表达，应对不良的情绪以及培养孩子的延迟满足能力。

父母要教导孩子适当地表达自己的情绪。例如对 4—5 岁孩子来说，发脾气或者固执是正常的行为，因为孩子缺乏正确的表达策略，而父母要耐心地引导孩子，让孩子认识到暴怒和攻击他人都是不当的情绪表达方式，因为这些方式会导致负面的效应。父母可以主动和孩子谈论自己的情绪，让孩子学会如何用言语表达情绪。

父母要教导孩子应对情绪。当孩子无法冷静时，父母可以根据孩子的节奏调整自己，直到两人的节奏一致，然后将节奏放慢，最后让孩子的兴奋度降低，心境趋于平静，也可以教育孩子在情绪激动时学会深呼吸，做 5 次到 10 次，或是 15 次深呼吸，直到自己的情绪趋于平和。运动也是应对情绪问题的良好方式。剧烈的运动，如打球、跑步等，能帮助孩子发泄消极情绪；轻缓运动，如玩沙、玩水等，能帮助孩子控制情绪冲动。此外，父母可以帮助孩子学会转移注意力，当心情不好的时候，想想愉快的事情。

培养孩子适应社会的技能

用解决问题的方法来处理冲突，而非采取强硬的方式。父母应该注重培养孩子解决问题的能力，经常与孩子一起讨论如何去解决问题，逐步让其尝试独立解决问题，久而久之，孩子就能够积累这方面的经验，掌握解决问题之道。帮助孩子说出自己的感受并寻找解决问题的方法。不是一开始就让他们避开矛盾，也不是大事化小小事化了而越俎代庖做裁判。冲突是自然存在的，不使用暴力解决冲突，特别不要将暴力作为撒手锏，要让孩子学会用不同的方法，将那些暴力情绪以不会带来任何伤害的方式表达出来。父母要引导孩子成为调解者，学会调解的技巧，如对抗、辩论、对话以及协商等。

鼓励孩子的亲社会技能。父母要明确哪些是重要的亲社会行为，这些行为包括分享、用非暴力的方式解决问题、关心他人、合作、积极参与、对他人负责、友善、尊重生命、尊重自己、尊重他人、尊重自然等。

小贴士

帮助孩子提高社会适应能力。父母要经常和孩子参加一些群体性的活动，让孩子体验活动的乐趣。父母通过各种方法，让孩子体会规则的重要性，并使孩子学会自觉遵守规则。这个年龄段的孩子倾向于做什么都偏于过度。因此，对孩子的安全问题，父母不可忽视。

和孩子一起玩转科学

好奇心会让4—5岁孩子对生活中常见的科学现象产生浓厚的兴趣。如果孩子自发形成的好奇心和主动探索性行为能获得积极回应与支持，那么孩子进一步探究事物的能力将会得到发展。孩子的学习发生在日常基本生活中，如烹饪，摆放餐具，观察蚂蚁，亲子远足等。父母可以利用游戏和日常生活培养孩子的科学态度与科学研究技能，并掌握初步的科学知识。

培养孩子的科学态度应重视的是好奇心、怀疑精神、积极的自我形象以及面对失败时的积极反应等。4—5岁是一个爱问问题的年龄段。他们有着无穷无尽的“为什么”“怎么样”，一部分原因是他们好奇心强，渴望了解新的东西，如“这是什么花”“天空为什么是蓝色的”；一部分原因是为了好玩；还有一部分原因是表达否定、拒绝的意思，如“我为什么要那样做”。父母应当基于对孩子的观察用直接回答、指导孩子阅读、引导孩子思考、鼓励孩子探索，以及启发孩子联想等方法回应孩子的问题。

回顾与思考

1. 你了解 4—5 岁孩子的发展特点吗？
2. 你了解孩子的幻想吗？如何鼓励孩子合理幻想？
3. 你是如何对待 4—5 岁孩子的过失行为的？
4. 你了解如何发展孩子的科学素养吗？
5. 你了解如何培养孩子的艺术素养吗？
6. 你是如何培养孩子的社会技能的？

2

第 二 章

“闲不住”的年龄

1. 健康成长，快乐生活

4—5 岁孩子仍然处于“长身体”的黄金时期。健康的饮食与合理的运动一直都是孩子身体健康发育的两大基础。虽然整体上这个年龄段孩子的发育速度较快，但个体差异使得每个孩子的发育速度各有不同。生活方面，4—5 岁的孩子已经能够表现出个体的独立与自信。他们可以自己起床穿衣、洗漱、吃饭，晚上还能自己收拾碗碟，洗漱睡觉。这个年龄段的绝大部分孩子已经掌握了基本的生活技能，即使那些生活能力略差的孩子，只需要父母稍作辅助便能轻松完成。

身体发育速度各不同

根据卫生部妇幼保健与社区卫生司在 2009 年公布的《中国 7 岁以下儿童生长发育参照标准》的数据，4 岁左右的男童体重应达到 12.01 ~ 23.73 千克，身高范围是 92.5 ~ 116.5 厘米；女童体重为 11.62 ~ 23.30 千克，身高为 91.7 ~ 115.3 厘米。

4—5 岁孩子生长发育参照标准				
参照标准	男孩		女孩	
	正常范围	平均值	正常范围	平均值
身高	92.5 ~ 116.5 厘米	104.1 厘米	91.7 ~ 115.3 厘米	103.1 厘米
体重	12.01 ~ 23.73 千克	16.64 千克	11.62 ~ 23.30 千克	16.17 千克
头围	46.5 ~ 54.2 厘米	50.3 厘米	45.7 ~ 53.3 厘米	48.4 厘米

当然，不同个体的身体发育速度也不尽相同。有些父母常常觉得自己的孩子跟同龄的小朋友相比长得又瘦又小，担心是不是营养不良或者别的什么状况影响了孩子的正常发育。出于这种无谓的焦虑，父母带孩子去看医生，坚持要配钙片、维生素 D 等保健品给孩子吃。还有的父母拼命地劝说孩子吃饭，或者晚上加餐补充营养，寄希望于食补。这些做法的结果常常适得其反，孩子不仅没有长高，反而小小年纪就面临肥胖的问题。而超重或者肥胖可能会影响孩子身体的正常生长发育。

小贴士　超重与肥胖对孩子生长发育的危害

表面上肥胖的孩子常常比同龄孩子要显得高大、壮实。肥胖孩子的身高、体重的生长速度较快，父母会误以为孩子成年后的身材也会高大、魁梧。实际上由于肥胖的孩子骨龄发育提前，成年后反而身材偏矮。而且肥胖的孩子由于骨量累积减少和骨骼强度下降，使日后发生骨折、患骨关节退行性疾病及骨质疏松的风险较正常体重人群大得多。

严重肥胖的孩子由于心肺功能受损，致使轻微的体力活动后就容易出现心慌、气短，胖孩子易多汗、易疲劳、不爱活动。

在临床中还发现肥胖女孩常出现性早熟，而肥胖男孩常常表现为第二性征发育迟缓，男性乳房发育。

除了身体发育之外，肥胖同样也会影响孩子的心理发展和健康。肥胖会让孩子缺乏自信、自我畏缩、逃避社交场合，常常害羞、自卑、缺乏毅力，这对其个性、气质、性格及能力的发展有长远的不良影响。

环境也是造成孩子个体发育差异的影响因素之一。这里的环境大到如空气、水、土壤等自然环境，小到如父母的卫生习惯、家庭成员的健康情况、室内的家居布置等，它们都会对孩子的呼吸系统、消化系统、免疫系统等产生最直接的影响。4—5 岁孩子日常在幼儿园与老师和其他同伴一起玩耍、吃饭、睡午觉，在这样的微环境中，孩子很容易感染各种传染性疾病，如流感、结膜炎、手足口病等。因此，为了确保孩子良好的健康状况和正常的生理发展，父母应当积极配合幼儿园的保健工作，经常保持家庭清洁卫生，督促孩子养成卫生方面的良好习惯，保证孩子的规律作息，积极营造一个有利于孩子生理健康成长的环境。

视力变好，但仍处在发育敏感期

孩子的视力从刚出生的感知强光发展到视力相对的稳定至少要

经历 12 年的时间。在这个视力缓慢发展的过程中有两个发育的重要阶段，即孩子视觉发育的关键期和敏感期。孩子的视力并非一出生就是 1.5，随着眼睛的发育，孩子的视力也随之改变。最初新生儿的视野非常狭小，能够感觉强光，只能聚焦 20 厘米以内的东西。6 个月左右的婴儿眼球已经发育到成人眼球的三分之二的大小，由于眼轴长度还是比较短，视力仅为 0.06~0.08。但是，此时的婴儿双眼能够较长时间地对准焦点，并且能够分辨上下左右的方向。1 岁的孩子视野宽度已经接近成年人，视力可以达到 0.2~0.3。2—3 岁孩子的视力更加敏锐，手眼协调能力明显提高。前 3 年是孩子视力发展和视觉发育的关键期，由于这个时期的眼睛组织结构正在发育中，父母应当格外注意孩子的用眼卫生和用眼习惯，督促孩子健康用眼，以确保孩子的视力和双眼视觉功能健康发展。

3—10 岁是孩子视觉发育的敏感期。这个时期孩子的眼睛尚未发育成熟，因此，孩子的视力依然有很大的可塑性，并且年龄越小，可塑性越大。4—5 岁孩子的视力约为 0.8，属于轻微的远视。这是属于正常的视力发展过程，父母不必太过紧张，更不必着急地为孩子佩戴眼镜矫正视力，否则会弄巧成拙。

小贴士

虽然 4—5 岁孩子已经度过了视力发展的关键期，但是由于 4—5 岁孩子活泼好动，活动范围广，活动强度大，发生眼部意外受伤的可能性越来越大。如遇到眼部受伤，应当及时带孩子就医，切勿盲从迷信或偏方，应配合医生进行后续治疗，痊愈后仍需定期复查。

如果孩子的视力出现异常，并且有明显的征兆，如喜欢近距离看电视，喜欢眯眼或歪头看东西，喜欢揉眼睛等，父母必须给予高度重视，及时带孩子接受检查并持续进行各种矫正治疗。即使是视力正常的孩子，父母也不能掉以轻心，应当在平时的生活中重点关注孩子的用眼卫生，培养孩子正确的、健康的用眼习惯，定期带孩子去医院检查视力，预防视力问题和眼疾的发生。

睡眠质量提高，很少出现尿床现象

大多数 4—5 岁孩子的父母一谈起孩子的睡眠，都是非常满意、开心的态度。因为这个年龄段的孩子睡眠质量大大提高，尤其是夜间的睡眠质量。父母会发现哄睡变得容易了很多，他们再也不需要睡前大费周折地哄孩子上床，催促孩子闭眼睛，大段大段地讲故事来帮助他们入眠。取而代之的是，到了睡觉时间，只需父母的提醒与睡前的陪伴，孩子就会痛痛快快地去睡觉。甚至有些孩子晚上玩累了，会自己主动爬上床静静地睡觉，不需要父母的任何帮忙。

这个年龄段的孩子夜间睡眠非常好，一般是不会有夜醒的。因此，父母可以安稳地睡一个整夜觉。即使孩子夜间会醒来，也最多是因为被尿憋醒，需要上一次厕所。整体来说，4—5 岁孩子的尿床情况非常少，个别时候孩子因为睡得太死或者睡前饮水过多而造成的尿床，需要父母夜间叫醒孩子去厕所。

小贴士

父母们需要注意的是这个年龄段的孩子如果尿床频率仍然很高，就不再是正常的尿床现象。当4—5岁孩子，不论男女，每个月尿床次数都在3次以上，父母就需要带孩子寻求医生的帮助，明确这种不正常的尿床现象是否为疾病因素造成。

对这个年龄段孩子的非疾病因素造成的尿床现象，父母应该以正确的态度对待。4—5 岁是孩子自尊发展的转折期，即 4—5 岁孩子的自尊达到一个较高的水平，随后下降。而自尊是孩子心理健康的核心心理基础。因此，父母切勿因尿床的事情而训斥打骂孩子。如果这样，就会既损害孩子的自尊和自信，又加重孩子的心理负担，反而会加剧孩子的尿床问题。父母应当观察分析孩子尿床的原因，寻找对应的解决办法。如果孩子是因为睡前饮食过多或饮水过量，父母可以慢慢调整孩子的晚餐结构；如果是因睡前玩得太兴奋或情绪波动过大引起的，父母应合理安排睡前活动，避免引起情绪明显的起落。此外，父母还可以在夜间定时叫醒孩子上厕所，使其养成习惯性的夜醒排尿，这也能很好地解决尿床问题。

教养孩子有妙招

4—5 岁孩子生长发育的速度很快，身体的运动能力和协调性都非常强，每天的活动量也比 3 岁的时候大了很多。因此，作为父母，需要在日常生活中注意哪些方面，为孩子的健康成长保驾护航呢？

关注孩子的眼睛保健。4—5 岁孩子的视力仍处于发展中，父母应当在日常生活中注意培养孩子良好的用眼习惯，预防各种眼疾和视力问题的出现。

其一，饮食中增加维生素和其他微量元素的摄入。举例来说，维生素 A 对眼睛的正常发育有着非常重要的作用。若孩子长期缺乏维生素 A，有可能引起干眼症，还可能引起结膜色素沉着，造成慢性结膜炎、角膜炎、睑腺炎等。维生素 A 缺乏甚至还会导致视网膜视紫红质缺乏，表现出眼睛对暗的适应能力减退。此外，维生素 B_1、维生素 B_2、维生素 C，以及锌、铜、铁、镁、硒等元素都与眼组织的正常发育有着密切的关系。

其二，避免长时间用眼。4—5 岁孩子的眼睛还在发育阶段，长时间、高强度、近距离地用眼，会导致孩子的视力下降和近视的发生。因此，父母需要控制孩子的阅读时间，尽量每次不超过 30 分钟。对电视、iPad、电脑等电子设备的使用应该避免孩子单次使用时间过长或使用过于频繁。4—5 岁孩子看电视一天最好不要超过 1 个小时，每看 20 分钟左右就应该让眼睛休息 10 分钟。

小贴士

父母还需要合理安排孩子室内和室外的玩耍时间，避免孩子长时间在室内玩耍，影响眼睛的调节能力。父母可以带孩子多多亲近大自然，经常看看绿色的地方以及经常向远处眺望，这样有利于眼部肌肉的放松。父母还可以引导孩子努力辨认远处的一个目标，预防近视的发生。

让孩子承担部分家务劳动。4—5 岁孩子在生活方面已经体现出明显的独立性。因此，让孩子承担部分家务劳动，不仅有助于孩子的肢体动作发展，增强孩子在生活方面的独立性和自信心，同时还能培养孩子良好的生活习惯。

当父母做饭的时候，就可以要求孩子去摆碗筷，让孩子数一数、算一算家里有多少个人吃饭，需要多少双筷子；当父母进行大扫除的时候，可以让孩子帮忙选择配套的扫除工具，并且试试哪一种工具扫除得又干净又便捷。除此以外，可以让孩子承担铺床、叠衣服、洗袜子等家务活，促进孩子良好生活习惯的养成。

小贴士

父母需要格外注意，家务劳动的选择应符合 4—5 岁孩子的生活能力，劳动的时间也不宜过长。否则孩子会因为过度受挫或者过度劳累而对承担家务劳动产生厌烦的情绪。每当孩子认真完成一项家务劳动的时候，无论劳动成果的大与小，父母都应当及时给予正面的肯定与表扬，比如一个温暖的拥抱，或是邀请他人来欣赏孩子的劳动成果。不恰当的金钱或物质奖励的办法是父母必须杜绝的，否则会混淆孩子最初承担家务劳动的动机与目的。

2. 身体平衡性与协调性的提高

四岁半的小满不需他人的帮助，像大人那样双脚交替下楼梯，很快就来到了操场上。在老师的指示和帮助下，他拿起粉笔在地上画了两条线当作“大河”，老师在两线之间画了很多大小不一的圆圈当“石头”。然后小满和小伙伴们玩起了他们最爱的游戏——“小青蛙过河”。小满看到大的“石头”就双脚跳上去，看到小一点的“石头”就单脚跳上去。有时候用左脚跳，有时候用右脚跳，虽然有失去平衡掉到“河”里的情况，但是多数时候他都能顺利过河。

4—5 岁孩子已经能够完全掌控自己的身体进行快乐的活动。他们不仅能够控制跑步的速度，还能够控制跑动的方向，如前进、后退、侧行或者踮着脚走路。他们总是在室内或者户外寻求一切可以练习大肌肉动作的机会。

双脚交替下楼梯

父母可能对孩子一脚一脚地上楼梯和一脚一脚地下楼梯有很深

的印象，但是这种现象会随着孩子进入 4 岁这个年龄开始逐渐消失。四岁半左右的孩子已经完全可以双脚交替下楼梯，且上下楼梯的过程中不需要成人帮助。

身体的平衡性明显提高。你会发现 4 岁的孩子可以玩很多平衡游戏。比如孩子可以在一只脚宽的平衡木上双脚一前一后地正常走动，而不像以前仅靠一只脚一点一点地往前蹭着走。

孩子动作平衡性的提高还表现在他们的运动轨迹已经超出了单调的直线，可以完成曲线运动。你常常会看到孩子在外行走的时候，喜欢沿着路面上已有的弧线走圆圈，并且能在走了几圈之后身体仍然保持着平衡，没有脱离弧线的运动轨迹。

轻松完成连续单脚跳

在孩子的大动作发展中，“跳”是指孩子单脚或双脚离地的弹跳，而“跃”是指孩子跳过障碍物的动作。因此，“跳跃”对孩子来说实际上是两个不同的大动作，发展阶段也略有不同。

4 岁的孩子已经能较为熟练地完成弹跳动作，包括单脚跳起或双脚跳起。到了四岁半，大多数的孩子能够进行花样式的弹跳动作，如跳起、跳下、往前跳。当孩子掌握了向前跳的技能，跳“跃”过障碍物的动作就开始迅速发展起来。最初你会发现孩子跳过障碍物时，喜欢使用单脚起跳。这是因为两只脚同时起跳向前越过障碍物的动作难度要大很多，孩子需要熟练跳跃的动作之后，慢慢由单脚起跳过渡到双脚起跳。总体来说，4—5 岁孩子可以熟练地掌握单脚起跳、双脚起跳、单脚连续跳跃障碍物等一系列动作。同时这个年龄段的孩子可以跳得更高，跳得更远。

单脚跳的动作在 4—5 岁孩子当中，有个体差异，也有性别差异。女孩对单脚跳动作的掌握程度要远远熟练于男孩。因为在女孩常见的游戏中，如跳绳、跳皮筋、跳格子等，都需要单脚跳的动作，而男孩常见的奔跑、追逐、攀爬游戏中，则很少需要单脚跳的动作。因此，游戏类别不同让女孩拥有比男孩更多练习单脚跳的机会。

小贴士

单脚跳动作是学前阶段必须掌握的一项重要动作技能。单脚跳动作的发展滞后，长期来讲会影响孩子大肌肉动作的平衡性和协调性的发展。因此，作为 4—5 岁男孩的父母更需要关注孩子的单脚跳动作。在日常的活动或游戏中，尽量给予男孩更多的机会去练习单脚跳动作，确保男孩身体协调性和平衡性的发展。

教养孩子有妙招

4—5 岁孩子的大动作发展主要侧重于孩子对自己身体的自如控制能力，以及身体的协调能力和平衡能力的发展。孩子的大动作发展常常存在个体差异，父母可以在平时的生活中多观察孩子的大动作，对那些掌握相对较差的动作有针对性地进行加强锻炼，从而保证孩子的大肌肉动作健康发展。

控制孩子的每日活动量。孩子过了 4 岁，你会发现他们总是精力充沛，每天的活动量都很大。运动是件好事，但是，如果孩子过度运动，小小的身体也会由于疲劳而产生不适的情况。所以，父母应当注意不能让孩子日常的活动量超过他们身体所能承受的最大量。一旦孩子因运动过度导致神经过度兴奋，你会发现孩子很难控制自己的情绪，晚上会大哭大叫。快到睡觉的时间了，也很难安静下来。即使已经成功入睡，也睡不安稳。因此，父母应该有意识地控制孩子的活动量，让孩子保持充分运动但又不疲惫的状态。

小贴士

临近吃饭或休息的时间，父母应至少提前 1 个小时让孩子停止运动，给予孩子充分休息和调整情绪的时间，保证后续的饮食和睡眠活动不受影响。

给予跳跃技能较差的孩子更多练习的机会。父母面对单脚跳或双脚跳技能较差的孩子，一定不要着急上火，责备孩子，打击孩子的自信心，使得孩子从内心抵触对这个动作的练习。父母一定要先花时间了解自己孩子的动作在哪一个环节出了问题，针对问题进行有目的的纠正与训练。

小贴士

父母切忌单调高强度地训练孩子练习跳跃动作，这样会引起孩子对跳跃动作的厌烦情绪，结果适得其反。正确的做法是根据自己孩子的兴趣，选择有趣的游戏来帮助孩子练习跳跃的动作。父母可以与孩子模仿一些蹦跳类的动物，如小兔子、小青蛙、小袋鼠等，并且辅助以一定的故事情节，如小青蛙过河、龟兔赛跑、小袋鼠跳舞等，增加孩子练习跳跃动作的趣味性。

3. 一双灵巧的手

按照身体发育的规律，靠近身体躯干的大肌肉群通常成熟较早，而远离躯干的小肌肉群，如手腕和手指的肌肉，则相对成熟较晚。当孩子能够调控大动作的灵活性和协调性时，孩子才能更精准地控制四肢的小肌肉群，让肌肉完成精细动作。

精细动作的发展在 4—5 岁孩子身上表现为，能够顺利地操控小件的物品，例如解开和系上衣服的扣子，拉开和拉合裤子的拉链，使用铅笔和刷子进行绘画，使用剪刀剪一条线。这个年龄段的孩子还能够把水倒入碗里或者杯子里而不洒出来，可以轻松地把珠子用线串在一起。总之，4—5 岁孩子的手眼协调能力以及对小肌肉的精确控制能力都有了很大的进步。

轻松解纽扣，拉合拉链

精细动作的发展使得 4—5 岁孩子获得了独立的生活自理能力。比如说解开和系上衣服的纽扣，拉开和拉合裤子的拉链，打开和粘上运动鞋的魔术贴等。父母平时在家可以多给孩子提供穿衣服和脱衣服的机会，让孩子能轻松掌握拉合拉链的技巧。

单手倒水不会洒

4—5 岁孩子基本可以双手拿起水壶给自己的水杯倒满水而不洒出来。如果水壶再小一点，4 岁的孩子还可以单手完成倒水的任务。这个动作不仅锻炼了孩子的手部力量，同时也锻炼了孩子的手眼协调能力。

小贴士

孩子在倒水的过程中，不小心将水洒到桌面上，你可以要求孩子拿小抹布把桌上的水擦干净，这无形中又给了孩子一次练习精细动作的好机会。

教养孩子有妙招

帮助弟弟妹妹或者洋娃娃穿脱衣服。4—5 岁孩子在不需要父母的帮助下能够自己穿脱衣服，但是常常他们穿脱衣服的技能还不是非常熟练，偶尔会需要父母的帮忙。父母可以鼓励孩子给自己的弟弟妹妹或者自己的洋娃娃穿脱衣服。这样既有利于发展孩子的精细动作，又培养了孩子为他人服务的精神。

串珠子，做几何板。父母还可以通过一些小的游戏加强孩子的精细动作的训练。比如，你可以跟孩子一起在大自然中寻找一些材料，如树叶、果子、塑料罐子等，帮助孩子在这些小物品上面打好孔，然后让孩子用水彩笔或者颜料给这些小物品涂上漂亮的颜色或图案。涂色和绘画也是锻炼孩子手部精细动作的方式。最后，可以让孩子把这些五颜六色的物件串在一起，制作成美丽的项链或者装饰品。

你还可以利用家里的纸板和一些图钉制作几何板。在纸板上每隔几厘米放置一个图钉，使得图钉有序排列。让孩子用彩色的橡皮筋在图钉上面拉出各种不同的几何图形。这样不仅可以锻炼孩子手指的精细动作，同时也能够培养孩子对几何图形的认知。

回顾与思考

1. 你了解 4—5 岁孩子的身高、体重、头围的标准吗？
2. 你的孩子在同龄孩子中体型是偏胖，偏瘦，还是正常？
3. 你的孩子能够自己进食吗？会自己穿脱衣服吗？
4. 你的孩子一天的户外活动时间是多长？
5. 你的孩子能够自如操作工具或画笔吗？

3

第 三 章

语言与创造力突飞猛进

1. “呆萌”的认知发展

小满和妈妈在家玩角色扮演的游戏。小满当餐厅的厨师，让妈妈当客人来吃饭。当妈妈走到桌前时，小满微笑着说：“欢迎光临！请这里坐。”然后很有样子地假装为妈妈端上茶水。“请问您想吃点什么？”妈妈思考片刻后回答：“我要吃蛋炒饭和紫菜汤。”小满开心地跑到另一侧的角落做起饭来。很快就给妈妈端来了一个盘子和一个小碗。妈妈说：“谢谢你。麻烦请拿一副餐具。”小满疑惑地问：“餐具是什么？我这里没有。”妈妈回答：“勺子是餐具，筷子也是餐具啊。”小满立刻露出笑容：“勺子和筷子马上来。”

4—5 岁孩子的认知能力有了很大的发展。他们的注意力有了一定的稳定性和持续性；思维的发展体现在对实物概念的掌握。但是 4—5 岁孩子的思维能力仍处在发展的初级阶段，他们无法完成事物的归类，对概念的掌握也仅限于基础的实物概念，手段也主要依赖于图片和语言的帮助。

自言自语为了促使自己“专心”

4—5 岁孩子的注意越来越具有目的性。他们能够很快识别与当前活动最相关的信息，并且把注意力集中在这些信息上。父母常常可以看到自己的孩子总是边玩边嘟囔个不停。比如一个 4 岁的孩子在搭积木的时候唠唠叨叨地讲：“我要去找一块三角形的积木当屋顶……要红颜色的……”其实这是孩子防止注意力分散的一种策略。他们借助语言来提醒自己把注意力集中在与当前活动有关的事物上，通过自言自语来调节与控制自己的行为和注意。随着孩子注意发展越来越成熟，5 岁的孩子开始学习运用内部语言来帮助自己确定注意的目标，制订行动计划，排除无关的干扰，使自己的注意力能够稳定地集中在与活动相关的事物上。

小贴士

注意可以分为有意注意和无意注意，孩子的注意以无意注意为主导。虽然孩子的有意注意已经在发展中，但受到大脑发育水平的限制，7 岁以前孩子的注意主要是无意注意。和 3 岁的孩子相比，4—5 岁孩子的无意注意已经有了较大的发展。除了来自外界的各种新奇事物的刺激会引起孩子的无意注意，比如明亮的颜色、生动的形象、响亮的声音等，随着孩子认知能力的发展，能够引起无意注意的范围也会越来越广泛。大自然中物质的各种状态的细微变化也会吸引起孩子的无意注意，比如孩子喜欢观察天空中白云的移动与变化，彩虹糖在水中颜色的淡化与流失等。

孩子的兴趣是引起无意注意的一个重要原因。凡是符合孩子兴趣的事物，都容易引起孩子的无意注意。4—5 岁孩子在幼儿园的生活经验比以前更丰富了，对一些事物有了自己的偏爱。比如在幼儿园的教室里，男孩更容易发现教室里少了一辆玩具车，而女孩因为不感兴趣，所以不能引发无意注意。

只能理解具体的实物概念

4—5 岁孩子掌握的各种概念中，主要以具体的实物概念为主。孩子通过观察这些实物的外在特征来帮助理解和掌握实物的概念。与此同时，父母对这些实物的特征描述也教会了孩子如何利用语言去定义这些概念。

当父母指着笔记本电脑解释说："长方形的，能折叠起来……通了电才能用……爸爸妈妈工作用的……"孩子就会将这些特征作为理解"手提电脑"这个概念并且可以用来下定义的信息。

随着孩子年龄的增长，他们下定义的水平也会越来越高。但是对刚满 4 岁的孩子来说，给实物下定义或者解释名词的概念还是一件很困难的事情。比如父母问孩子："什么是灯？什么是鱼？"4 岁的孩子很难给出解释，要么支支吾吾地讲不清楚，要么讲了一些完全无关的话。但是5岁的孩子可能会举出与名词相关的实例或者说出一些重要特征，但是他们对名词的解释主要集中于实物的具体形象特征。有些5岁的孩子会回答“灯在头顶上……灯会发光……鱼生活在水里……鱼会吐泡泡”等。

此外，4—5岁孩子掌握的实物概念主要是较低层次的概念。有些父母可能遇到过这样的情况，孩子说想吃饭，于是父母很快做好了饭，但是孩子又不愿意吃了。其实孩子口中想吃的“饭”不是父母所理解的食物的总称，而是具体的某一种食物的名称。这个年龄段的孩子也许能够根据实物的属性和特征进行分类，但却无法理解类和子类的包含关系。有学者做过类概念的研究，发现4岁的孩子在实验中无法对28张图片进行分类，只能说出图片中物体的名称，这说明他们还不具有类的概念。5岁的孩子开始出现独立分类，但是分类的标准不是按照概念，而是根据情景需要或者外部特征进行分类。比如看到床，就会把卧室里能够看到的实物都归在一类里。

小贴士

在上面的案例中小满的餐厅里没有“餐具”，只有“勺子”和“筷子”，这是这个年龄阶段的孩子只认识具体实物概念的一种反映。对4岁的孩子来说“勺子”“筷子”都是容易掌握的低层次实物概念，而对“餐具”这样的高层次抽象概念却不能很好地理解与掌握。

教养孩子有妙招

虽然 4 岁孩子的注意力有了一定的稳定性和持续性，但是他们仍然容易被外界的刺激所吸引，注意力很容易被分散。那么父母在日常生活中应该怎么做才能帮助孩子培养良好的注意习惯？如何才能帮助孩子更好地理解故事中的情节和人物呢？下面就来介绍一些简单、实用的策略。

防止注意力分散策略。鉴于孩子的注意力仍具有保持时间短、稳定性差的特点，那么父母如何做才能帮助孩子有效地保持注意力不被分散呢？你不妨试试以下三种策略：

第一，排除环境中的无关刺激。当孩子在家中集中注意力进行游戏或者学习活动时，父母应尽量保持周边环境的安静与整洁。此外，父母还需要注意的是，不要总是对孩子提出要求或建议，而且反反复复地提醒孩子，生怕孩子没有认真听。其实，父母的这种唠叨非常不利于培养孩子集中注意力。

第二，根据孩子的兴趣组织活动。父母与孩子一起进行的亲子活动应当符合孩子的兴趣和发展需要，让孩子在活动中产生愉快的体验。只有活动内容让孩子感兴趣了，他们才会主动、快乐地去关注。父母切勿按照自己的理解和喜好去安排孩子的活动，强迫孩子做一些他们觉得没兴趣的活动。这样既不利于注意力的培养，还会增加孩子对亲子活动的厌恶与恐惧。

第三，养成规律的生活习惯。帮助孩子养成良好的生活习惯不仅能够让孩子有一个健康的身体，还能够保证孩子充足的休息和睡眠。孩子只有在充足睡眠的保障下，才能每天精力充沛。这既是孩子集中注意力进行活动的前提条件，也是必要条件。因此，父母一定要合理安排孩子的每日活动，切勿因为看电视或者家庭聚会等类似的活动而耽误了孩子的正常休息时间。

使用图片和语言来理解事物。由于4—5岁孩子的语言发展水平和思维发展水平有限，他们对事物的理解常常依靠具体的形象和行为。因此，父母在给孩子讲解事物的时候，不要单纯依靠语言的描述，最好借助直观的、形象化的图片来帮助孩子理解事物的概念。这也是为什么孩子的图书里常常使用很多的插画。因此，父母在为孩子选取阅读材料时，也应该选取那些既有形象化的语言又配有直观形象的图片的绘本，这样可以大大提高孩子对故事的理解能力。

小贴士

生动形象的表演不仅有助于孩子理解书中的事物与情节，同时又有助于孩子对故事的记忆。父母不妨在讲故事的时候采用孩子喜欢的边讲边演的形式。当讲到“小白兔蹦蹦跳跳地去采蘑菇”的时候，父母也模仿小白兔的样子蹦蹦跳跳地讲故事。这一系列的动作可以强化孩子对形象的记忆和对事物的理解。

2. 天马行空的想象力

4—5 岁孩子的童年充满了无尽的想象力。他们向往新奇的事物，喜欢奇遇与冒险。他们总能运用自己的想象力将生活中一些平淡无奇的物品创造成魔幻的仙境。

喜欢新奇的事物

4—5 岁孩子的“快”除了表现在肢体动作的速度之快，还表现在思维和想象能力的变化之快。随着对自我和外界的认知范围越来越广，4—5 岁孩子对新生事物都会莫名的喜爱。他们喜欢去新的地方，认识新的朋友，见识新的活动，学习新的技能，买新奇的玩具。当父母送给这个年龄段孩子一件新衣服、一本新书、一个新玩具，或者带着孩子去尝试一种全新的经历，孩子会变得非常开心。

4—5 岁孩子对新事物总会不知厌倦地尝试。但在新事物非常多的情况之下，4—5 岁孩子的兴趣和注意力就很难持久。他们尝试新事物也仅仅是开头那么一会儿工夫，然后注意力很快就转移到另一个事物上去了。父母会觉得他们喜新厌旧，做事情也总是东一下西一下的，显得非常不专心。其实，这正是4—5岁孩子的典型特点，变来变去，不知疲倦，总能带给你新鲜感。

人人都是“幻想家”

4—5岁孩子可以称得上是“童话家”或“科幻小说家”。他们生动的想象力体现在生活的方方面面。

吃饭时剩下的鱼头，会成为他们想象的灵感。“这只小鱼最开始是森林里的小兔子，因为被女巫施了魔法，变成了一条小鱼……”游戏中的小土堆，会成为他们想象的城堡。只见几个男孩子在土堆前郑重其事地拿着树枝站起岗来，还有的孩子扮起了巡逻队，认认真真地警告周围的孩子不要擅自进入他们的领地。

随着4—5岁孩子的生活经验较之前更加丰富，并且4—5岁孩子比以往任何时候都更渴望进入成年人的世界，因此，4—5岁孩子在玩“过家家”的游戏中加入了很多的生活细节。

一个4岁的女孩扮演妈妈，她除了会在家做饭照顾宝宝，还会像模像样地送宝宝去幼儿园，并且跟宝宝道别：“妈妈要去医院上班了哦，有很多病人等着妈妈看病呢，你在幼儿园乖乖地听老师的话！”然后钻到一个纸箱里假装开车去上班了。

父母会从4—5岁孩子游戏中的语言和行为，了解到自己在孩子心中的形象是什么样的，同时也可以看出孩子是如何理解成人世界里的人物性格和生存法则等内容的。

除此之外，4—5岁孩子开始区分真实与想象的场景，知道有些游戏中的事情并不是真的，而只是假装的。因此，4—5岁孩子在塑造角色或角色扮演上更加灵活，更加成熟。他们不会执着于只扮演正义的、善良的形象，有时候也会认真地扮演起坏蛋的角色。

教养孩子有妙招

面对4—5岁孩子丰富的想象力，父母应当珍惜孩子可贵的天赋。但有时候父母常常担心孩子太过于沉浸在自己想象的世界中，无法应对现实的问题。有时候父母还会被孩子想象出来的“朋友”所困扰，担心孩子不能融入集体。下面就针对父母的焦虑谈谈4—5岁孩子的教养方法。

降低想象游戏的暴力性。4—5岁孩子精力非常充沛，总是活跃在各种游戏之中，对成人的世界也总是充满无限的好奇。4—5岁孩子容易被生命、死亡、超能力等事物所吸引，经常在想象游戏中使用这些既令人兴奋，又具有一定暴力倾向或危险性的主题。比如，4—5岁男孩特别喜欢警察追坏人、孙悟空打妖精，还有战争主题的游戏。这些想象游戏不仅有助于释放孩子过剩的精力，更有助于孩子发泄不良的情绪，排解恐惧，树立自信。

但这样的游戏如果缺乏父母的监督，有时候会发展为孩子的粗野行为，甚至发展为具有破坏性和危险性的行为。因此，父母可以用一些有创造性的活动建议去引导孩子降低游戏中的暴力性。

小贴士

如果遇到战争的情景，父母可以提供一些沙包，让孩子把一定距离以外的塑料桶想象为敌人，尽全力将沙包投入塑料桶内。如果不想让孩子使用有一定危险性的道具，如木剑、木棍、枪等，父母可以引导孩子寻找替代品，如硬纸板、纸卷筒等。父母还可以引导孩子在大型的画纸上，用一些对比强烈的颜色画出他们想象中的武器。

接受孩子的“假想伙伴”。4—5 岁孩子有“假想伙伴”是一种父母不必过于担心的正常现象。4—5 岁孩子有着天马行空的想象力，“假想伙伴”作为孩子想象力的一个重要部分，父母应该大大方方地肯定和接受孩子的这个“朋友”，不要因此而批评、教育和取笑孩子，导致孩子整日陷入压抑的情绪之中。

小贴士

据国内外的调查，这个“假想伙伴”是孩子在 3 岁左右创造出来的，随着年龄的增长，到了 6 岁左右他们便会自然遗忘。有些父母总认为有“假想伙伴”的孩子一定是孤独、内向、没有朋友的。

相反的是，很多在幼儿园外向、受欢迎的孩子也会有自己的“假想伙伴”。

孩子之所以喜欢“假想伙伴”，首先是因为这个“朋友”完全受自己的控制，满足自己的需求，还不会吵架或是离开。其次，在陌生或是艰难的环境中，“假想伙伴”是孩子的陪伴者和保护神，不仅能带给孩子熟悉的安全感，还能够使用超能力帮助孩子走出困境。最后，当孩子犯错的时候，“假想伙伴”是孩子推卸责任、逃避追究、维护自尊的替罪羔羊。

父母可以巧妙地利用“假想伙伴”来诱使孩子配合或完成某项任务。例如睡觉前父母对孩子说：“安安特别喜欢你的新牙刷，想看看你是怎么用新牙刷把牙齿刷干净的。”“安安去刷牙了，想让你陪她一起刷。”有时候孩子听完后会很乐意配合父母的要求。

但是父母应当注意不要让孩子总是利用“假想伙伴”来逃避责任。比如当父母责问是谁乱丢的果壳，孩子为了逃避惩罚而坚持说是“安安乱丢的”，这种情况下，父母应当坚定立场，告诉孩子：“真正的好朋友是互帮互助的，请你帮安安把地上的果壳收拾干净。”千万不能让孩子把“假想伙伴”当作逃避批评和处罚的借口，父母应积极引导孩子勇于承认错误，知错就改，做错了就要承担所有的后果。

3. 享受语言的乐趣

4—5 岁孩子不仅能够自由使用语言，还能够享受语言带给他们的乐趣。除了像以往一样喜欢聊天、唱歌、讲故事，他们还能够欣赏幽默，说笑话，讲绕口令。语言对这个年龄段的孩子来说，已不仅仅是一种沟通的工具，已渐渐成为孩子喜爱的一种“益智玩具”。

词汇量的飞跃发展期

4—5 岁孩子的词汇发展主要表现在词汇量的增加、词汇种类的扩大和词义理解加深三个方面。名词一直都是学前阶段孩子掌握最多的词汇。但是 4 岁以后，孩子掌握动词的数量显著增加。在孩子常用的动词中，反映人物动作和行为的词汇量占动词总量的 80%，孩子能够很好地运用动作行为动词表达生活中常见的行为举止，但是还不能掌握描述心理活动和道德行为的动词。语言能力的迅速提高让 4—5 岁孩子更有自信，能够更积极地与他人进行语言上的沟通与交流。

开始学习“说话”的艺术

孩子进入 4 岁以后，表达欲望更强，喜欢跟小伙伴们一起大声嬉笑聊天，乐意跟父母讲讲有趣的事情，有时还自言自语。4—5 岁孩子是一个小话痨。

4 岁孩子的表达方式比 3 岁的孩子明显高深了很多。他们跟同伴沟通的时候，语言更加礼貌与友善。向他人宣布物品所有权的句子少了很多，而发出请求、邀请、建议等的语句越来越多。

4 岁的小满正在玩着挖土机，另一个小男孩也想玩挖土机，小满不会再像以前一样简单粗暴地说："这是我的，你不能玩。"而是以建议的形式告诉小伙伴："我先玩一会儿，再给你玩，好吗？""我们一起来玩挖土机吧。"

4—5 岁孩子还很喜欢模仿成年人的表达方式。这也是为什么父母总觉得这个年龄段的孩子说起话来像个大人一样。孩子会把一些现实生活中常常发生的或者他们认为有趣的场景通过语言表现出来。

一个孩子模仿街边小贩跟另一个孩子介绍说："我卖的西瓜不甜不要钱！"另一个孩子假装拍了拍西瓜，回答道："太贵了。能再便宜点吗？""能，便宜 5 毛钱。"

不管 4—5 岁孩子在一起玩什么场景的假想游戏，他们都能愉快、流畅地表达观点，友善、持续地进行对话直到情景演完。

喜欢幽默和说大话

4—5 岁孩子喜欢一些组合起来发音有趣的词汇，如"叽里呱

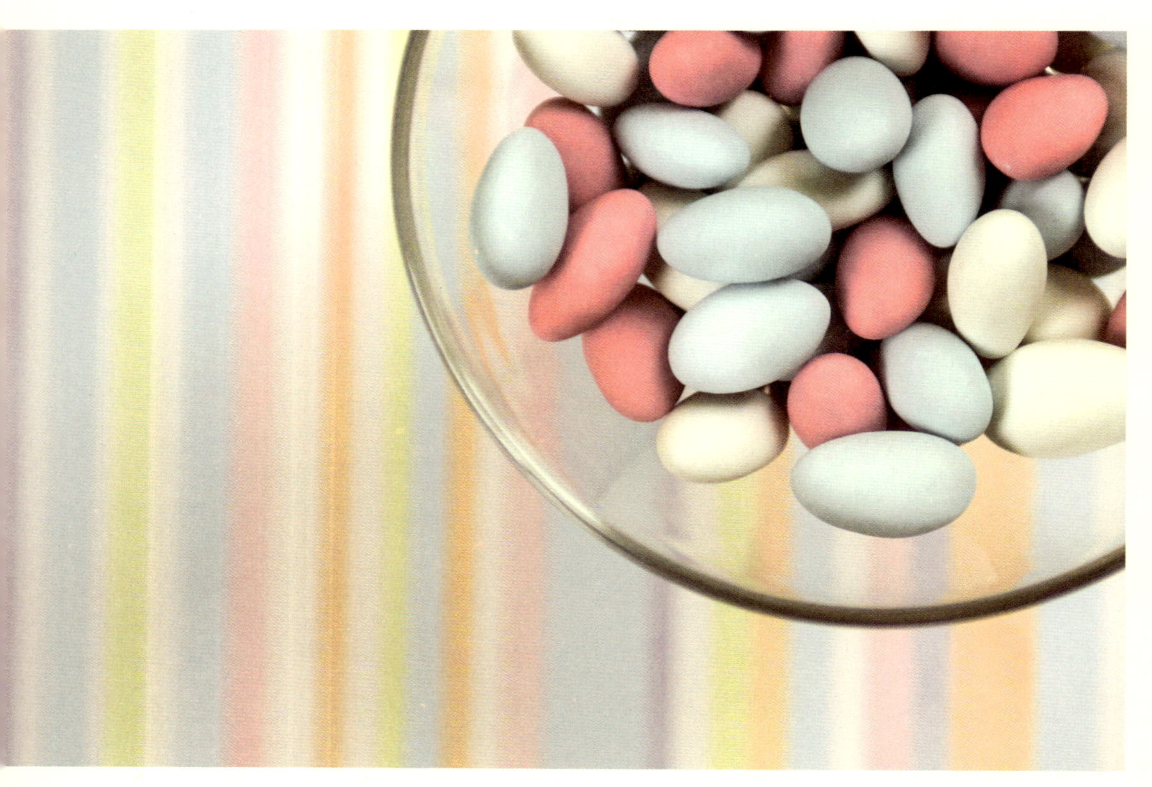

啦”“噼里啪啦”“丁零当啷”“呜里哇啦”等。他们常常把这些有趣的词反复分享给周边的朋友，并且每次分享都能说得哈哈大笑。他们也非常喜欢有韵律感的儿歌或绕口令。比如：“小豆豆，围兜兜，花兜兜，装豆豆。小豆豆，翻跟头，豆豆滚出花兜兜。拾豆豆，数豆豆，没少一颗小豆豆。”

4—5 岁孩子特别喜欢夸张的语言。他们偏爱“大”“快”“好”等形容词。在日常的对话中他们喜欢把这些词上升为“非常大”“超级快”“特别好”。讲故事或叙述事情时，他们总免不了添油加醋地夸大一番。

小贴士

有时候 4—5 岁孩子吹嘘或者夸张得过分了，父母会批评他们“撒谎”或是“骄傲”“不谦虚”。实际上，父母应当理解 4—5 岁孩子的本性就是夸张，喜欢荒谬的想象，夸张的动作，夸大的语言。

教养孩子有妙招

4—5 岁孩子正值语言发展的飞跃期，正是想象力发展无限可能的时期，因此，这个年龄段孩子的父母应该格外注意培养孩子的语言能力健康发展，经常与孩子进行亲子沟通，或者陪孩子一起进行亲子阅读。此外，父母还应当在生活中给足孩子充分发挥想象力的自由与机会，避免过度的规范影响孩子创造力的发展。

参与孩子的表演游戏。4—5 岁孩子的很多对话都是发生在表演游戏的情境中。他们会在游戏中与伙伴对话，与玩具或玩偶对话，甚至会与想象的伙伴对话。父母可以在家里设置一个表演区域，给孩子提供一些生活中的工具作为道具，每天花一点点时间参与孩子的表演游戏。父母还可以给孩子提供玩具电话，让孩子每天可以有计划地假装给身边的某个同伴、某位老师或亲戚打电话，邀请他们加入游戏或者给他们讲述今天发生的有趣事情。

注意正确语音的培养。4—5 岁是孩子语音口腔定型和语言发展的关键时期。听准音，控制和调节自身发音器官正确发音是帮助孩子培养正确语音的两个条件。在平时的生活中，父母可以给孩子正确发音的示范，注意纠正孩子的错误发音。父母要特别注意，生活在地方方言环境中的孩子，有些方言的发音特征和语调会影响孩子的正确发音。

回顾与思考

1. 你孩子的注意力容易被周围的环境分散吗？你孩子的注意力可以保持多长时间？

2. 请记录下孩子口头表达中常用的词汇。看看孩子常用的词汇是否以实物类名词居多，形容词的使用频率是否越来越高。

3. 你朗读故事发音是否清晰，语速是否适中？列举一些你可以为孩子创造标准发音的语言环境的做法。

4. 请留意你的孩子是否有假想的伙伴，并想想如何正确对待孩子的“假想伙伴”。

5. 请留意孩子在音乐或者美术方面的创造性活动。思考一些可以鼓励孩子发挥想象与创造的方案。

第四章

小孩也有忧伤

4

1. 孩子的喜怒哀乐

四岁半的小满喜欢下棋，已经熟练掌握飞行棋和跳棋的玩法，最近开始学习下军棋。了解了军棋的规则后，小满就兴高采烈地与爸爸一起玩。小满的棋艺有限，输了，哭了起来。爸爸说："输了怕什么？赢了是将军，输了再下也是将军。"小满虽然仍然在哭，但看得出来他在努力控制自己不哭，身体在不停抽搐。爸爸没有迁就孩子此时脆弱的情绪，说："宝宝还下不下？"小满哭着说："下。"只见他用袖子抹干眼泪，重新摆棋子，身体抽搐渐渐较少，最后还舒了一口气，慢慢平静下来。再输的时候，他的表情显示出复杂的情绪，嘴一瘪，想哭没哭，脸上还带着尴尬，又想掩饰和控制情绪，于是头也不抬地跟爸爸说："没事，接着下。"

情绪表达内容出现转变

大多数 4—5 岁孩子已经基本适应幼儿园的生活，同伴交往范围加大，交往需求与交往能力都有所发展。随着孩子对游戏和同伴交往积极性的增强，围绕活动以及活动规则的情绪表达内容随之大大增强。有的父母发现孩子以前能安静地画画、弹琴、搭积木，现在画画就是乱涂，弹琴时间很短，积木没搭完就拆了，感觉孩子干什么事情都不认真。4—5 岁孩子还喜欢交朋友，却比较霸道，容易动手，攻击性强，经常会有老师和别的父母来告状。这些现象正反映这一年龄阶段孩子在情绪情感发展中出现的新问题。4—5 岁孩子的动作发展水平明显提高，更为充实丰富的活动内容、空间才能满足他们旺盛的精力。他们的游戏水平也有了极大的提高，喜欢挑战具有一定难度的玩具和游戏。以前，他们不太会玩，父母教他们怎么玩，他们就怎么玩。但是 4—5 岁孩子对自己的动作和游戏是“心有余而力不足”，他们想要超越自己，但又没有足够的能力，这就需要父母给予一定的帮助和支持。父母需要让孩子多参与运动量稍大的活动，提供难度适当的游戏和玩具，并陪伴孩子把游戏进行下去。

道德感和义务感进一步发展

4—5 岁孩子由于比较明确地掌握了一些概括化的道德标准，他们的道德感开始逐渐形成。而且他们很关心别人的行为是否符合道德规范，并产生相应的情感，这一点从他们的告状行为中充分体现出来。在中班的教室里，常常听到“老师，他欺负小朋友”“老师，他拖椅子”“老师，他坐在地上”“老师，他……”这样的声音。孩子的这类告状行为体现他们已逐渐建立是非观念，发展了道德感。4 岁左右，在成人的教育下，孩子开始由是否完成某个义务而感到愉

快、满意或不安、不高兴的情感，到开始出现和形成义务感。而且这种情感不仅可以由成人对孩子道德行为的评价所引起，也可以由孩子自己对自己行为的意识所引起，但这种义务感的范围还是比较狭小的，主要涉及经常同自己接触的人。

情绪理解发展进入关键期

大量心理学研究显示，3—4 岁孩子还不具备区分自己和他人的想法，以及充分理解他人的想法和感受的能力。4—5 岁开始，孩子们逐渐知道他人的想法跟自己的可能会不一样，自己的想法可能会是错误的，自己可以说谎，他人也可以欺骗自己。4—5 岁是这一能力发展的关键期，这一能力水平高的孩子能认识到他人在情绪、愿望、动机等心理状态上与自己的不同；而这一能力水平低的孩子还被以自我为中心的思维方式所限制，无法觉察他人与自己的不同，进而难以体会、理解他人的情绪。4—5 岁孩子的情绪体验会随着这一能力的发展而不断走出自我中心的模式，具有更高水平的社会性，他将更加准确地理解自己和他人的关系，并在人际交往过程中体验丰富的情绪。

在此阶段，孩子已经发展了引人注目的情绪理解能力，开始能解释、预测、影响别人的情绪，这使孩子能和小伙伴、成人积极交往，友好相处。他们还能够区分情绪的外显行为和内心真实情绪，也就是具备了一定程度的情绪伪装的认识能力。然而，4—5 岁孩子对别人情绪的理解还是很有限的，往往是根据别人的面部表情、外部行为来认知别人的情绪，而对成人一些复杂的内心体验和表面上相互矛盾的情绪线索难以理解，他们往往只关注成人各种复杂情绪中最为突出的情绪信息。

2. 帮助孩子做情绪的主人

情绪管理是指对自己以及他人情绪进行体察与关注，并采取适宜的方式表达自己的情绪，协调与他人之间的关系，最终达到身心统一、内外和谐的心理平衡的状态。情绪管理的内容主要包括：了解自己的情绪、调节自己的情绪、关注他人的情绪、协调与他人情绪之间的关系、激励自我奔向目标。由于语言的发展，4—5 岁孩子学会了更多的表达情绪的词语，例如高兴、害怕、难受、生气、喜欢、爱、讨厌等，他们经常利用这些情绪词语描述自己和别人的情绪体验。因此，4—5 岁孩子已经具备用语言表达情绪情感以及进行情绪自我管理的基础，但是孩子需要良好的成长环境和正确的教育引导，才能真正具备这个能力。

常用的情绪管理策略

4—5 岁孩子在要求暂时得不到满足、面临恐惧等消极情境时，会更多地采取积极有效的情绪管理策略。

◎采用替代活动的方式。玩其他玩具、唱歌、想其他有趣的事等，通过主动地投入其他活动中来调节自己的情绪。比起那些单纯地通过发泄或回避的方式来消极地应付受挫情境，替代活动则更好一些，它可以更有效地转移孩子对刺激的注意，减少消极情绪。

◎采用语言表达的形式。4—5 岁孩子已经能用口语表达的方式来调控自己的情绪，使自己感到舒服。例如，晓晓在看电视节目时，当节目中出现一个恐怖镜头，她马上对弟弟说："快把眼睛闭上，把耳朵堵上。"

◎采用自我安慰式。4—5 岁孩子常用的另一种情绪调节策略是自我安慰。例如，当晓晓在幼儿园焦急地等待妈妈的时候，她会对自己说："妈妈很快就会来的。"以此来缓解焦虑的情绪。

自我控制能力有效促进情绪管理

自我控制是孩子对自己的生理、心理、情绪、行为和思想施加影响，适时地调整和监控自己的能力，主要包括五个方面的基本能力：抑制冲动能力、抵制诱惑能力、延迟满足能力、履行计划能力和遵守规则能力。4 岁是孩子发展延迟满足能力的关键期。延迟满足能力，是一种甘愿为更有价值的长远结果而放弃即时满足的自我控制能力，是孩子在诱惑面前克制自己，在战胜困难时获得自信的重要表现。通俗地讲，也就是能够等待自己需要的东西的到来，而不是想到什么就要什么。经常听到父母说孩子脾气急躁，一旦有要求就不达目的不罢休，孩子很难管教，脾气倔强等。可是有的孩子从小就显得“知书达理”，有良好的自我调节能力。造成这一差异的原因有很多，而延迟满足能力是其中的重要因素之一。

小贴士　“延迟满足”实验

20 世纪 60 年代，美国斯坦福大学心理学教授沃尔特·米歇尔设计了一个著名的关于“延迟满足”的实验。研究人员找来数十名幼儿园的孩子，让他们每个人单独待在一个只有一张桌子和一把椅子的小房间里，桌子上的托盘里有孩子爱吃的棉花糖。研究人员告诉他们可以马上吃掉棉花糖，或者等研究人员 15 分钟后回来时再吃，这样还可以再得到一颗棉花糖作为奖励。对这些孩子来说，实验的过程颇为难熬。有的孩子为了不去看那诱惑人的棉花糖而捂住眼睛或是背转身体，还有一些孩子开始做一些小动作——踢桌子，拉自己的辫子，有的甚至用手去打棉花糖。结果，大多数的孩子坚持不到三分钟就放弃了。大约三分之一的孩子成功延迟了自己对棉花糖的欲望，他们等到研究人员回来兑现了奖励。研究发现 4 岁以上的孩子更有可能抵制“棉花糖的诱惑”。

研究人员在十几年以后再考察当年那些孩子现在的表现，发现那些能够为获得更多的棉花糖而等待得更久的孩子要比那些缺乏耐心的孩子更容易获得成功，他们的学习成绩相对要好一些。在后来的几十年的跟踪观察中，发现有耐心的孩子在事业上的表现也较为出色。也就是说延迟满足能力越强，越容易取得成功。

教养孩子有妙招

4—5 岁孩子的情绪进入了稳定发展时期，在这个阶段父母可以帮助孩子逐渐自主管理情绪，培养孩子良好的性格。然而，有效的情绪管理并非简单地教授孩子一些情绪管理策略，而是应该从建立孩子的安全感，提升孩子的情绪认知，引导健康的情绪表达方式以及提升孩子的自控能力等方面入手。

接纳孩子的坏脾气，建立安全感。4—5 岁孩子的情绪控制能力忽强忽弱，他的哭闹和不停发问都显示出他的情绪缺乏安全感。父母要接纳孩子的坏脾气，在孩子情绪激动时要控制好自己的情绪，对孩子表达关心，不以责骂的方式对抗孩子的坏情绪。弄清孩子发脾气的原因，让自己成为孩子心灵的安全基地。在被接纳的过程中，当孩子体验到父母对自己的爱是无条件的，父母不会因自己的所作所为和情绪好坏而改变对自己的爱时，孩子便获得了最基本的安全感以及自我成长的空间。

小贴士

小女孩养的一只心爱的小乌龟死了，她心里非常难过。这时候，爸爸过来安慰她："别哭了，不就是一只小乌龟吗？爸爸再给你买一只。"小女孩哭得更伤心了："我不要你再买一只，我就要原来那只！"爸爸很生气也很无奈地冲孩子嚷道："你怎么这么不可理喻！"孩子又大哭起来。孩子后来的哭，不再是因为小乌龟的死，而是因为爸爸拒绝她的感觉，对她难过的心情不理解。她的精力转移到和爸爸的情绪对抗上。

在这个例子中，爸爸用自己的感受代替孩子的感受，认为“她应该这样觉得”“她不应该那样觉得”。对这个例子，接纳孩子情绪的爸爸会这样说：“失去一个好朋友是会很难过的。”孩子觉得被理解了，也许会说：“是啊，我每天都教它伸爪子。”爸爸说：“对，我记得你还每天带它一起出去散步。”孩子的感觉和情绪在与爸爸的对话中慢慢得到梳理，就会开始正确地面对自己难过的感觉。

丰富孩子的情绪认知。孩子的情绪体验是丰富的，但是认知比较单一，单一的情绪认知让人难以觉察自己的情绪，也难以分辨别人的情绪，容易出现迷惘和困惑。4—5 岁孩子只能说出他人情绪体验中的高兴和不高兴，生气和不生气，而高兴情绪中所表现出来的惊喜、欢呼、享受等更细腻的情绪他们难以描述出来。同样，在生气情绪中所表现出来的难过、伤心、后悔、愤怒，他们也难以描述。不过，经过启发和引导，孩子很快就能认知这些情绪。

小贴士

父母可以在读书讲故事或者孩子正在体验情绪的时候丰富他的情绪认知。例如，父母经常提问孩子：“他（你）现在什么感觉？”孩子的说法可能比较笼统、不准确。父母可以接着用准确的词汇说：“你的感觉是……”“这件事让你很生气。”“你看上去有点伤心。”然后还要反问孩子一句：“是不是这样啊？”因为有时父母可能没有理解孩子的情绪，这样就需要进一步的交流。孩子的情绪认知水平提高了，能理解和谈论各种心理感受了，才能学会主动管理自己的情绪。

引导健康的表达方式。孩子出现消极情绪常常是不由自主的选择，是他没有能力选择更好的情绪表达方式，也没有得到父母的及时关注和科学引导所致，所以父母要帮助孩子建立健康的情绪表达方式。帮助孩子建立健康的情绪表达方式可以通过以下步骤进行：

体察孩子的情绪。孩子如同成人一样，他们的情绪背后有其原因，不管他们是否清楚原因何在。当父母发现孩子有不明来由的生气或沮丧时，不妨停下脚步来了解他们生活中发生了什么事情，并且运用一些方法来引导孩子安全地表达各种情绪。情绪的疏解需靠父母协助孩子澄清情绪、了解情绪，才不致使情绪扩大或恶化。

倾听和确认孩子的情绪。孩子情绪的调节也需要父母注意他们自己的身体语言，如脸部表情和姿势。别忘了，孩子也会观察父母的身体语言。因此，父母可以采用一种轻松但专注的态度和语气，不带质问的反应，如说：“你今天看起来有点累。”然后，等待孩子的反应。父母同时也要树立积极情绪的榜样，父母改善自己的情绪管理方式常常会带动孩子改善情绪。同时父母以适度、适时、适宜的原则帮助孩子管理情绪，做到既善待自己又善待他人，就会引导孩子学会使用健康的情绪表达方式。

帮助孩子以言语表明情绪。当父母看到孩子流泪，可说：“你觉得很伤心，是不是？”这不仅让孩子了解，而且学到描述情绪的字眼。研究显示，一个人如果能以适当的言语形容情绪，可以帮助自己在神经系统上得到宽心或镇静的效果。

与孩子商讨解决之道。让孩子了解自己的情绪不是问题，偏差的行为才是问题，这是帮助孩子成长和进步的关键。与孩子一起讨论问题的解决办法。举例而言，父母可以如此说："你很生气小杰拿了你的东西，如果是我也会生气，但你打他是不对的。让我们想想有没有其他解决的方法。"

培养孩子延迟满足能力。延迟满足能力需要调动孩子理智战胜情感的力量，也就是说孩子明白的道理越多，越愿意遵守规则与规定，越有控制自己情绪的意志力，其中一个重要因素就是做事的计划性和目的性。因此，培养孩子的延迟满足能力不仅需要父母拒绝孩子的不合理要求，还要经常培养孩子有计划、有条理地做事，提高孩子的自律意识，帮助孩子逐步内化行动计划、行为规则，培养耐性。

小贴士

在培养延迟满足能力时要注意避免"过度"和"不足"两个极端：一个极端是延迟时间过度，既对孩子的要求过于忽略，把孩子的等待时间拉得过长，以致挫伤孩子的信心和信任；另一个极端是延迟时间不足，孩子稍有急躁情绪，父母就紧张地安抚，让孩子感觉自己的忍耐很委屈，长期被这种方式教养的孩子比较脆弱，一个小小的挫折就可能使他难以控制自己。

3. 请尊重孩子

自尊之心，人皆有之。自尊是人的基本需要，也是人的心理底线，一旦自尊受到伤害，人的情绪就会被刺激、被激惹，接着还会掺杂低落、失望、挫败、沮丧等诸多消极情绪。

自尊、自信培养的关键期

4—5 岁是孩子自尊发展的转折期，即 4—5 岁孩子自尊达到一个较高的水平，随后下降。4—5 岁是孩子心理发展的重要时期，其认知发展、社会性和个性发展均在这个时期存在一个飞跃和转折，自尊与认知能力、社会能力以及自我概念的发展均相关。

小贴士　具有良好自尊的孩子与低自尊孩子的常见特征对比

具有良好自尊的孩子	低自尊孩子
对自己的想法有信心	对自己的想法缺乏信心
有自信迎接挑战	逃避挑战

续表

具有良好自尊的孩子	低自尊孩子
主动参与、发起同伴活动	难以参与同伴活动
独立设定、努力完成目标	依赖他人设立目标
表达好奇心，探索环境	退缩，缺乏好奇心
积极尝试新鲜事物	不敢尝试新鲜事物
用积极的词汇描述自我	用消极的词汇描述自我
遇到困难任务时能坚持	遇到困难任务时轻易放弃
能忍受挫折	遇到挫折时容易出现攻击行为

自尊心过低或过高都是不自信的表现

自尊是积极的自我概念，例如“我是个孩子”是一个客观的自我概念，“我是个好孩子”就是一个积极的自我概念，是孩子有自尊心的体现。如果孩子对自己是个好孩子表示怀疑，就相当于孩子在否定他自己是有价值、有能力、成功的和重要的，那么孩子就打不起精神、抬不起头，甚至自暴自弃。所以，维护孩子的自尊是父母应该给予孩子的基本精神食粮。

与自尊心过低相反，有的孩子自尊心过强，例如“太要面子”“盲目自大”等。实际上，自尊心过强也是不自信的表现，是因为害怕失利、没有勇气接受失败。真正的自尊心是建立在自信基础上的。有自信的孩子也会失败、会难过，承认自己有比不过别人的地方，但他们不会被打败，并相信经过自己的努力能够改变现状。因此，他们的乐趣在于以真正的自我存在，并不在于处处比别人强。可见，培养适当的、成熟的自尊心是孩子发展自我的重要任务。

教养孩子有妙招

自信的感觉来源于自己是被喜爱和被接受的认识。孩子的自信，源自父母的信任和支持。孩子的自信需要从一点一滴中培养，而摧毁一个孩子的自信心可能仅仅是因为父母的一件小事、几句不在意的话。帮助 4—5 岁孩子建立良好的自尊可以从以下几个方面入手。

帮助孩子获得成就感。心理学家詹姆斯给自尊下定义时用了一个著名的公式：自尊 = 成功 / 抱负水平，也就是说自尊与成功和成就感成正比。成功体验能激起人的“高峰体验”，让人精神饱满、情绪高涨、充满自信。当孩子做成一件事的时候，及时肯定、表扬与鼓励能让孩子产生成就感和“高峰体验”，在成功的瞬间享受到巨大的精神愉悦。因此，父母要主动帮助孩子营造展现自我、获得成功的机会，促进孩子累积丰富的积极体验和心理资源。

帮助孩子形成准确的自我认识。自尊是建立在准确的自我认识基础之上的，如果自我认识有偏差，那么孩子对自我的价值判断就可能出现过高或过低的倾向。如果父母对孩子百依百顺，孩子的自我认识像皇帝一样唯我独尊、像太阳一样以自我为中心，那么孩子就会自尊过强，实际上自信心很脆弱，稍微不如意就发火宣泄，与小伙伴一起也容易造成人际关系紧张。如果父母对孩子冷漠、严厉、粗暴、否定、打击较多，孩子感觉尊严扫地，就无从建立自信，出于自我防卫的本能，孩子就会以扭曲的方式表达自己的存在，诸如攻击、好斗，或者逃避、退缩、撒谎等。

父母应该让孩子经历完整的生活锻炼，不要特别制作一把保护伞或者一间温室，造就孩子过于敏感的情绪。孩子摔倒，鼓励他自己爬起来；有不合理要求，讲清楚道理后就拒绝；有好东西要分享，不要习惯于独享；做错事，要学会道歉。父母应该帮助孩子从生活细节中学会做事，从而学会做人，进而获得一个健康的自我认识。

帮助孩子确立适宜的比较对象。一个人对自己的价值判断是通过与他人的比较而实现的。如果在比较中失利，就会降低自尊体验。与比自己强的人比较是上行比较，与比自己弱的人比较是下行比较。我们通常认为上行比较容易产生嫉妒、敌意、挫折等消极情绪，下行比较容易产生满足、优越、幸福等情绪。其实不然，究竟产生哪种效果取决于具体情境。较理想的比较对象是与自己相近并略高于自己的人。这样孩子的心理压力不是太大，还找到了可以学习的榜样，有利于孩子较为轻松、自信地取得进步。

帮助孩子学会尊重他人。4—5 岁孩子具有自我中心的思维特点，容易享受他人对自己的尊重，不易做到平等地尊重他人，所以父母在日常生活中要加强指导，给孩子渗透尊重他人的意识。例如，等待、协商、分享、合作、谦让、助人为乐都是尊重他人的表现。积极回应别人的请求，拒绝别人则要礼貌。平时父母给孩子安排力所能及的家务也有利于孩子学习尊重他人，例如倒垃圾、饭前摆碗筷等。如果能让孩子在帮助他人中体会到快乐，同时也成功锻炼其尊重他人的能力，那么他就会感觉自己对别人是有意义、很重要的，自尊心油然而生。

不要当众批评孩子。孩子经常当众做出令人尴尬和不适宜的行为，这时父母管教孩子需要注意方式，讲究场合，不要在客人和其他小朋友面前批评孩子，这样会大大损伤孩子的自尊与自信。比较有效的方法是把孩子拉到一边说悄悄话，这既维护了孩子的自尊，又指点教导了孩子。

不随意给孩子贴标签。每个孩子都希望做个“好孩子”，认为自己是个“好孩子”，这是孩子奠定自尊和自信的基石，所以父母不要随意给孩子贴“坏孩子”的标签。如果孩子出现不适宜的行为，父母要把孩子的不良行为与孩子本人一分为二地评价。可以说：“你这件事做得不对。”不能因为一件事否定孩子整个人：“你不是好孩子。”父母的价值判断是孩子最重视的，是孩子建立自尊自信的最重要的参照标准。

回顾与思考

1. 如何教会孩子正确表达情绪？
2. 如何有效地培养孩子的延迟满足能力？
3. 你的孩子通常使用哪些策略调节自己的情绪？
4. 当你的孩子情绪遇到挫折时，你的反应如何？
5. 培养孩子良好的自尊，应从哪些方面入手？

第 五 章

5 人际交往中的成长之路

1. 读懂孩子的心

父母们聚在一起常常会感叹，现在的孩子人小鬼大，个个都是机灵鬼。这饱含爱意的评价中既有骄傲又有苦恼。随着年龄的增长，孩子的社会认知水平不断获得发展，既有成长成熟的一面，也有在这一年龄段特有的特点。父母如果能够了解孩子的成长规律，会更容易理解孩子在人际交往的变化，而不是简单用好坏来评价。相信这样的父母更容易成为孩子的“解语花”！

“以偏概全”的自我中心思维

心理学家认为，孩子对自己和他人的认识在很大程度上有赖于他们的认知发展水平。皮亚杰认为，4—5 岁孩子的思维仍处于前运算阶段，以具体形象思维为核心。表现在社会性认知层面，那就是这一阶段的孩子往往使用关于外表、所有物、好恶、动作等非常具体、形象的词汇来描述他人。比如 5 岁的贝贝会说：“我爸爸个子很高，他的腿上有好多毛，他喜欢狗。你呢？”他们也会描述他人的人格特点，但大多用比较宽泛的词汇，比如“阳阳很好”“康康很

乖”“乐乐很赖皮”。一般都是对其他人近期行为的描述，而非个人的稳定特质。

“结果比过程重要”的成就动机观

4—5 岁开始，孩子对能力有这样的一些认识：他们相信能力是可变的、不稳定的，他们会越来越聪明，或者通过不断的努力和练习获得更多的能力。这一阶段的孩子往往表现出较强的成就动机，很认真努力地做事，但是往往很害怕失败，有时因为害怕失败而不敢行动，因为看重事情的结果而不敢尝试。

“以己度人”的思维方式采择他人的观点

心理学家塞尔曼通过分析孩子在两难故事情境中的推理，来研究孩子采择他人观点的能力。

荷妮是个 8 岁的女孩，喜欢爬树。她是这一带的爬树高手。一天她在爬树的时候从高高的树上摔了下来，所幸没有受伤，但这让她父亲看见了。她父亲非常不安，让荷妮保证以后不再爬树。荷妮答应了。后来，荷妮和朋友遇见了肖恩。肖恩的小猫被困在树上下不来了，再不救小猫它就会摔下来。只有荷妮能爬上树去救小猫，但是她想到了对父亲的承诺。

孩子听完故事后要求回答问题：“荷妮知道肖恩担心小猫吗？荷妮认为要是她父亲发现她爬树后会怎么做？你会如何做？”

4—5 岁孩子往往认为荷妮会去救小猫，当问及她的父亲对此会有什么反应时，这些小孩认为他会“很高兴，因为他喜欢小猫”。换言之，这些小孩因为自己喜欢小猫，就认为荷妮和她父亲也会喜欢小猫。

塞尔曼认为孩子不能认识到他人观点与自己的不同，因而往往根据自己的经验去采择他人的观点。

教养孩子有妙招

面对孩子在这一阶段的社会认知发展，父母如果能够因势利导，不仅可以帮助孩子形成较好的社会认知，也有利于建立更融洽的亲子关系和家庭氛围。

给孩子提供一起游戏的机会。大量的研究发现，学龄前孩子之间的游戏互动会促进角色采择能力的发展和社会判断的成熟。在游戏中，要引导孩子去扮演不同的角色，促使他们意识到自己和别人观点的不同。而游戏中一旦发生冲突，孩子也在无形中会去学习如何协调自己和他人观点的不同，比如学会妥协。通过游戏，孩子之间的互动和平等接触，会潜移默化地影响孩子对他人观点的采择和人际理解的能力。

做好调解员而非裁决官。孩子们在一起玩耍，难免会发生争执或者冲突，尽量让孩子们自己想办法解决。但当孩子们已经陷入困境向大人们伸出援手时，父母们也要及时介入。这恰恰是帮助孩子们去理解他人、建立更多交往策略和学习解决问题的机会。在这个过程中，父母要特别注意的是摆正自己的位置。有研究者发现，当父母能够以调解人而非裁判人的姿态进行干预时，更可能培养孩子的角色采择能力。

小贴士

那如何做到调解而非裁判呢？有几个原则可以加以注意：

（1）让每个孩子都说出自己的观点，大人耐心地倾听不做评价。

（2）鼓励孩子们讨论各自的目的和感受，表达自己的想法和需求。

（3）启发孩子集思广益，想想自己该如何解决这些矛盾，从而建立起处理纷争的基本规则，并限制争吵扩大和敌意的加深，让双方能够更好地理解对方的想法，并友善地解决争斗。

少评价成败结果，多鼓励孩子尝试。在平时的家庭教育中，适时引导孩子多去尝试，注重过程中的思考和体验，而不要给孩子太多的评价，让孩子在一个放松的氛围中去探索，引导孩子领悟只要是通过自己的实践获得的失败与成功是同样有价值的。具体而言，要引导孩子关注过程而非结果。

小贴士

比如当孩子成功时，父母的称赞、表扬可能对孩子产生积极影响，也可能对孩子产生消极影响。我们常说表扬孩子要具体，比如表扬孩子具体的成绩，而不是单纯夸其聪明。如果父母经常称赞孩子聪明，孩子为了显示自己的聪明，在面临众多任务选择时，会放弃那些可能失败但能使自己学到一些新知识和新方法的任务，而选择自己肯定能成功的任务，从而阻止孩子尝试新的体验。从长远角度看，这是一个重大的损失，也可能导致一个人达不到他应该达到的发展水平。

2. 寻找“志同道合”的朋友

童年时代有两个世界，一个是成人和孩子互动的世界，另一个则是同伴世界。如果说孩子与成人的关系反映出他们对照顾、保护和指导的需求，那么他们与同伴的关系就更多建立在对陪伴、游戏和乐趣的需求上。同伴之间的交往是平等的，他们具有同等的地位和权利，如果他们希望友好相处或者实现共同目标，就必须学会理解彼此的观点，互相协商、妥协、合作，通过同伴间的友谊获得快乐的同时，同伴间的交往也有助于孩子社会能力的发展。

孩子的世界因同伴而精彩

孩子不仅对自我的认识产生了好奇，也对周围的环境和他人感兴趣，尤其是他们的同龄人。4 岁以后，孩子开始认识到自己与同伴的区别。在许多方面通过社会比较信息，获知自己和同伴的优劣。（喜欢在各种活动中和小朋友一较高下）例如，他们会在赛跑获胜后说“我比你快”。这种比较对促进孩子能力感知和整体自尊的形成有重要作用。

小贴士

研究显示，4—5 岁孩子的社会性行为一般是寻求同伴注意或认同，而不再依附成人，来自同伴的赞扬、注意和分享更具有强化和榜样价值。同伴是影响孩子行为的有效途径。比如，不爱吃饭的丽丽，发现自己的好朋友小明总是吃饭又快又干净，两个小朋友在一起时，丽丽往往也会比平时吃得多点儿、吃得快点儿。如果小明鼓励丽丽，“你今天吃饭很棒哦”，丽丽的改变可能会让父母和老师大为惊讶。

寻找志趣相投的小伙伴，开始出现真正的友谊

在4—5岁这个阶段，交朋友的一个重要内容来自孩子的相似之处，比如相同的爱好和兴趣，或者是互惠性的友好，比如我喜欢你，你喜欢我，又或者双方能够相互理解。孩子在交往的过程中，逐步认识到真正的朋友是建立在志同道合、彼此关爱、相互理解和支持的基础上，从而发展出更和谐的友谊关系。

小贴士

在这样的同伴关系中，常见到两种类型的孩子，一类是对物感兴趣，一类是对人感兴趣。对物感兴趣的孩子，他们主要是因为共同的兴趣而交往，比如一起玩汽车，一起玩飞机，一起搭积木，一起过家家。对人感兴趣的孩子，他们会通过人与人之间的关系来发展友谊，在交往的过程中发现彼此的不同以及关系中的竞争和合作，要想解决问题就要去想办法，比如协商、讨价还价、互不理睬、相互妥协，进而发展出和谐交往中的规则和策略。

游戏是孩子们的主战场，社交游戏更频繁

游戏是孩子学前期活动的主要形式，它绝不仅仅是孩子们打发时间的无聊小事，它可以帮助孩子学会很多基本的社交技能，并不断练习，帮助他们发展出自我的概念，学会如何和其他孩子相处，

怎么交朋友，怎么扮演自己的角色，从而对孩子的社会性发展、认知与身体发展都有帮助。同时，也能反映出同伴间交往的质量与种类的变化。

小贴士

孩子们用积木建造一幢房子或完成一幅拼图，他们会有一个最终目标——造出点儿什么。这种游戏并非一定要创造出新鲜的事物，孩子可能重复地建造一座积木房子。这类游戏有助于孩子检验他们正在发展的身体和认知能力，并锻炼他们的精细肌肉动作。他们获得了解决有关问题的经验，比如空间、顺序、结构等，同时还学会了与人合作。大量的心理学研究显示，游戏的认知复杂性和同伴交往能力显著相关，也就是说游戏的认知复杂度越高，孩子们表现出来的亲社会行为越多，攻击行为、退缩行为越少，他们看起来更随和，有更多的朋友，更受小伙伴的喜欢。

教养孩子有妙招

父母是孩子在人际交往中的引导者和榜样，融洽的夫妻关系、人际关系，在每一天的日常中为孩子自然而然创设出的家庭氛围，是孩子同伴交往的基石。当孩子在交往中遇到困难和瓶颈时，父母的有效干预不仅可以帮助孩子解决当前的问题，更是孩子学习交往策略的良机。

3. 行为背后的成长印记

父母都希望自己的孩子人见人爱。在幼儿园里，有些孩子很受欢迎，老师同学都喜欢他，而有些孩子似乎总是会招惹各种麻烦。父母最头疼的就是接到老师的“投诉”电话。在一项关于孩子抚养状况的调查结果中显示，74% 的父母希望自己的孩子具有良好的道德感，能够明辨是非，并以此作为与他人交往的准则。如何培养孩子良好的道德规范？大多数的父母会鼓励孩子的亲社会行为，避免孩子的攻击行为，引导孩子做出符合社会规范的行为。因而，多样、复杂的行为背后，是 4—5 岁孩子社会性行为和社会道德发展的标志。

孩子有敌意的攻击行为相对增多

请想象一下如下场景：一个哥哥打他的妹妹，如果小男孩因为抢到了妹妹的玩具而高兴，心理学把这种攻击行为定义为工具性攻击，即通过伤害别人而达到某种目的。如果小男孩就是想弄哭妹妹，那么他可能是一种敌意性攻击，即行为者的主要目的是伤害对方。

心理学研究显示，1 岁时孩子工具性攻击行为开始萌芽，而到了 4—5 岁阶段，身体攻击（多为工具性攻击行为）逐渐减少，而敌意性攻击行为可能增多，比如嘲笑、说坏话、诽谤。但是必须强调的是，对这一阶段大多数的孩子而言攻击性行为并不常见，往往发生在有争斗的场合。只有大概 3% 的孩子可能存在攻击性人格特质，需要特别关注。

孩子表现出更多具有实质性的助人行为

大多数的文化都鼓励社会成员具有利他主义品质，能够真正关心他人并付诸行动。利他主义通常表现在亲社会行为中，即任何对他人有好处的行为，比如赠予、分享、帮助、合作、安慰他人等。3 岁以内的孩子往往能够表现出同情心，但缺乏实质性的助人行为。相比较而言，大多数 4—5 岁孩子的共情能力更强，且能做出更真实的助人行为。所谓共情能力就是孩子能够将自己置身于他人处境，设身处地地为他人着想，体会他人情绪的能力。有良好共情能力的孩子，更倾向于关心他人，有助于亲社会行为的发展。

小贴士

幼儿园里贝贝因为自己的玩具损坏而伤心地哭了。圆圆不仅会安慰她，还可能拿出自己心爱的玩具或者物品与贝贝分享。因为圆圆可能会想：如果自己失去了这样的玩具也会悲伤。同时她也会想：她是我的同伴，她悲伤所以我也悲伤，并应该帮助和安慰她。而这

恰恰说明圆圆发展并表现出了很好的共情能力和亲社会行为。

此外，你可能会从生活中发现女孩和男孩在亲社会行为上存在性别差异。确实如此吗？有大量研究显示，在这个年龄阶段，女孩往往会比男孩表现出更多愿意帮助他人或分享的行为。

不考虑动机仅看重结果的道德实在论

小贴士

还记得童话故事里，那个一说谎鼻子就会变长的匹诺曹吗？每次说谎后，他身边的人都会立刻察觉。很多家长在生活中也发现，孩子在成长过程中也变成了“匹诺曹”。有位家长是这么说的：儿子快4岁了，最近一段时间，突然发现他会说谎了。明明刚才看了电视，他却硬说没有；看着他不小心把玩具弄坏了，问他，他却说不是他弄的。很多时候父母会把“说谎”和“坏孩子”联系在一起，发现孩子说谎时会特别生气。但请不要轻易将谎言与孩子的品质画等号，对说谎行为的理解，某种程度而言恰恰反映出孩子道德发展的特点。

4—5 岁孩子由于比较明确地掌握了一些概括化的道德标准，他们的道德感便开始与这些道德标准以及他人的行为是否符合道德规范进行关联，并产生相应的情感，这一阶段的道德感具有重视结果而不考虑动机的特点。孩子的告状行为中往往充分体现出上述特征。4 岁左右，在成人的教育下，孩子开始有完成了某个义务而感到愉快、满意，或没有完成而产生不安、不高兴的情感，义务感开始出现和形成。这种情感不仅可以由成人对孩子道德行为的评价所引起，也可以由孩子自己对自己行为的意识所引起，但这种义务感的范围还是比较狭小的，主要涉及经常同自己接触的人。

我们以皮亚杰对偶故事研究中的一例，来看一下这个年龄阶段孩子的道德特征。

故事 1：有一个小女孩叫玛丽，她想使母亲高兴，于是便替母亲裁布。但是，因为她还不会很好地使用剪子，结果将她自己的衣服剪了一个大洞。

故事 2：一个叫玛格丽特的小女孩在她母亲外出时拿剪子玩，因为她不会很好地使用剪子，结果将自己的衣服剪了一个小洞。

现在问孩子们两个问题：故事中这两个孩子的过失是否相同？这两个孩子中，哪一个更坏一些？为什么？对他律阶段的儿童而言，他们往往会认为第一个女孩的错误更严重，因为她把衣服剪了一个大洞，而故事 2 中的孩子剪的洞则小一些。即这一阶段孩子的道德发展具有单方面地尊重权威，从行为的物质后果而非主观动机来判断一种行为的好坏，看待行为有绝对化的倾向，而且往往确信所有的不良行为都会立刻得到惩罚。

教养孩子有妙招

家庭是孩子行为孵化的第一场所，和谐宽容的家庭环境、温暖有爱的人际关系、抑恶扬善的家庭教育、观念正确的价值引导，对孩子攻击行为的抑制、亲社会行为的发展、良好道德观念的形成有着至关重要的影响。

营造和谐宽容的家庭氛围，减少孩子的攻击行为。一方面，父母要积极营造和谐、关爱的家庭关系，给孩子提供一个没有攻击性行为的家庭榜样。另一方面，如果孩子表现出习惯性的攻击性行为，父母必须控制自己的情绪和行为，更不能让自己的行为具有攻击性。引导孩子控制自己的情绪，用平和的态度向孩子解释，他的攻击行为为什么是不被允许的，让孩子了解伤害行为的不良后果，说服孩子为自己的行为承担责任，并督促孩子对受害者做出一些直接的安慰或帮助。同时，父母对孩子表现出的亲社会行为和利他行为要积极给予关注，鼓励孩子良好行为的保持和养成。

创造非攻击性的环境，避免刺激孩子的攻击意识。父母提供能降低冲突发生可能性的游戏场所，是减少儿童攻击行为的一种简单有效的方法。例如，尽量减少机枪、坦克、刀刃等具有攻击性的玩

具，这些玩具会刺激儿童产生暴力幻想和攻击行为。孩子剧烈活动的空间要宽敞，减少冲撞、拥挤等偶然事故的发生。如果家有二宝，更要注意为孩子们准备尽可能足够的玩具，避免因资源短缺而造成的冲突。此外，父母对孩子观看的电视节目也应注意减少暴力内容的侵蚀。大量心理学研究显示，长期观看暴力电视节目会降低孩子对暴力行为的敏感性，从而让孩子在平时的生活中出现暴力攻击行为的现象增多。

做更好的自己，成为孩子的好榜样。好孩子没有统一的标准，但明辨是非、富有同情心和按道德准则行事，这应该是一个好孩子所必备的素质。如何将道德这样一种难以捉摸的人格品质注入孩子的心田呢？塔夫斯大学心理学家大卫·爱尔坎认为："把孩子培养成一个有道德感的人的方法就是自己做一个有道德的人。如果你诚实、正直、有修养、有爱心，你的孩子就会学着去做。"在孩子受教育的过程中，父母的以身作则、身体力行是十分重要的。同时，对孩子所表现出来的良好行为给予及时的肯定，利用恰当的时机给予孩子适当的道德引导，对不良行为给予及时的指导和纠正，可能是有效地促进道德发展的措施。

在潜移默化中培养孩子的道德意识。孩子的道德意识随着年龄的增长逐步形成，社会学习理论提醒我们，观察和模仿是孩子学习的最主要手段。孩子学习和模仿的对象可以是现实生活中的人，也可以是故事、动画片和电视剧中的人物，因而要重视家庭教育中父母的言传身教，要重视孩子所接触的各种信息获取渠道，培养孩子通过模仿好的、正确的道德行为形成道德认知。具体而言，首先，父母应注意在日常生活中抓住那些和孩子讨论行为规范的机会，比如在讲故事或看电视的时候。其次，温和、注重情感的沟通方式更容易被孩子所接受，也有利于孩子本身的积极情感培养。再次，惩罚不是有效的教育手段，反而容易使孩子形成以暴制暴的消极信念，以正面的角度给孩子讲清楚做事应该明白的道理，按照道德规范认真地分析问题，能产生更积极的效果。最后，权威式的家庭教育方式，更有利于孩子形成健全的道德观念，并更愿意在行动中去实践。

回顾与思考

1. 你了解 4—5 岁孩子的社会性认知特点吗？你的孩子是如何描述他的老师和朋友们的？

2. 如果你的孩子和小伙伴发生了矛盾，请你去协调，你打算如何做？

3. 你的孩子和同伴交往的特点是什么？他们都一起玩哪些类型的游戏？

4. 你知道什么是亲社会行为吗？观察一下孩子身上都有哪些亲社会行为。

5. 如果孩子在交往过程中表现出了攻击性的倾向，你打算如何做？

第 六 章

和孩子一起“玩”艺术

6

1. 孩子是天生的艺术家

许多人认为孩子年纪小，根本不懂艺术。其实，孩子是天生的艺术家，具有独特的想象力、创造力和鉴赏力。艺术是孩子自我表达的方式，也是父母了解孩子的途径。而且，每个特定年龄段的幼儿都具有相应的艺术能力。

艺术是孩子的语言

语言是我们交流与表达的主要手段，但是 3—6 岁孩子由于还未能完全娴熟地掌握语言表达自己，所以他们特别需要一些自己独特的“语言”方式。我们应该鼓励孩子通过不同的“语言”以及对周围环境的探索来表达自我。与成人不同，儿童需要通过身体和感官来理解周围的客观世界。所以，孩子在哪儿都想“看一看”“听一听”和“摸一摸”。在理解与探索的过程中，孩子渴望和这个世界交流，表达他们对人和事的理解，于是就产生了一种尤其强烈的自我表达的需求。艺术表达就是孩子与生俱来的一种自我表达的“语言”。因此，艺术教育的目的并不是让孩子学会艺术技能，而是通过艺术学会自我表达。

小贴士　4—5 岁孩子在艺术领域的学习与发展

教育部在 2012 年颁布了《3—6 岁儿童学习与发展指南》，其中对 4—5 岁孩子在艺术学习与发展方面有一些具体的期望和要求：

一、感受与欣赏。主要表现在两个方面：

（1）喜欢自然界与生活中美的事物。包括：①在欣赏自然界和生活环境中美的事物时，关注其色彩、形态等特征；②喜欢倾听各种好听的声音，感知声音的高低、长短、强弱等变化。

（2）喜欢欣赏多种多样的艺术形式和作品。包括：①能够专心地观看自己喜欢的文艺演出或艺术品，有模仿和参与的愿望；②欣赏艺术作品时会产生相应的联想和情绪反应。

二、表现与创造。也有两个方面：

（1）喜欢进行艺术活动并大胆表现。包括：①经常唱唱跳跳，愿意参加歌唱、律动、舞蹈、表演等活动；②经常用绘画、捏泥、手工制作等多种方式表现自己的所见所想。

（2）具有初步的艺术表现与创造能力。包括：①能用自然的、音量适中的声音基本准确地唱歌；②能通过即兴哼唱、即兴表演或给熟悉的歌曲编词来表达自己的心情；③能用拍手、跺脚等身体动作或可敲击的物品敲打节拍和基本节奏；④能运用绘画、手工制作等表现自己观察到或想象的事物。

教会孩子欣赏艺术也是艺术教育

一些父母认为孩子画幅画、唱首歌或跳支舞就是艺术教育。事实上，艺术教育除了让孩子学会相关的技艺外，还要让他们学会欣赏，让孩子学会审美，知道什么是美。无论音乐或美术，审美总从欣赏开始。幼儿的生活经验比成人少，所以倾向于通过主观感受来理解作品。凑巧的是艺术欣赏本身就是主观的，所以请耐心倾听孩子的解释，不要去否定，甚至嘲笑孩子的想法。理解艺术常常需要从不同的感官出发，就是常说的“通感”。孩子天生就具有艺术方面的通感能力，能在画中听到声音，感受到触觉，在声音里闻到味道，产生画面。

别在意孩子画得像不像

儿童艺术教育的目的并不是要让孩子完成一幅成熟、完美的作品。父母应该更加关注孩子创作的过程，而“像不像”更不是唯一的标准。

事实上，孩子作品中出现和现实中不一致的现象是正常的。仔细观察，不难发现孩子更倾向于主观地表现事物。简单来讲，这样东西或这个人在他们心里是什么样子，就画成什么样子。

小贴士

孩子会把自己认为重要的、特别关注的部分画得格外醒目，甚至是超乎寻常的大。因此，孩子作品中的物品或人物的比例和现实中经常不一致，相差较大。

另外，孩子的作品中还会出现不合逻辑的构思，孩子倾向于选择自己喜欢的颜色，明快的颜色，但不一定是和实物一致的颜色，父母可能会看到粉色的树枝或是蓝色的太阳。与成人作品基于理性和事实不一样，孩子的作品都由孩子的经验出发，又经大胆想象而创造出来。这是幼儿艺术区别于成人艺术的地方，也是幼儿艺术具有价值的原因。

既然“像不像”不是我们追求的目标，父母应该在孩子的艺术教育过程中关注什么？注意什么呢？

快乐性。摒弃旧式的教育方式，采用游戏的形式让孩子在“玩”与“乐”中学习艺术。

过程性。不要过于关注孩子艺术创造最后的作品，而是关心孩子的创造过程和体验。

全面性。艺术教育不只是学习艺术，艺术教育应该和其他方面的学习联系起来，帮助孩子在学习艺术的过程中让肢体、认知、语言、社会情感等各方面都得到提高。

生活性。艺术并不是遥不可及的。艺术教育的内容应该反映真实生活，与孩子的生活紧密相关。让孩子学会用艺术的语言来表现他们的生活。

学习性。让孩子在艺术教育中学会观察和体验、欣赏和交流、想象与联想，同时提高解决问题的能力，以及和他人合作的能力。

亲子性。艺术教育不只是专业机构的事情，父母也是孩子艺术学习的好伙伴。陪孩子看一次日出、念一首诗都是艺术教育。

因势利导，水到渠成

在绘画方面，大胆地鼓励孩子。4—5 岁孩子的手工制作能力和绘画能力一样都随着手部能力的发展而提高了。他们开始有目的地进行创作。这个阶段父母应该这样做：

孩子的画要看，更要听。美术是儿童借助颜色、线条和形象表达自己的方式。看孩子的画，听他们说，其实就是在和他们对话。一个相同或相似的图形在不同孩子的作品中或在同一个孩子的不同作品中可能代表着完全不同的事物。所以，坐在孩子边上，看他一边画画，一边解释，通过这样的方式来了解孩子的想法，父母会有意想不到的收获。

孩子需要我们的鼓励，但不是代劳。4—5 岁孩子有个小困扰，他们内心充满表现的欲望，却缺乏足够的技巧，因此，有时候会提出要父母帮忙。父母这时候千万不要拿起画笔直接帮助孩子完成画作。父母可以通过提问、讨论、提供参考资料等方式来给予支持，让孩子学会解决问题。

少模仿，多创造。传统美术教育注重临摹，还习惯用诸如简笔画这样的简化形象来表现事物。由于模仿是孩子的天性，这种过于简化和模式化的艺术形式容易造成孩子的惰性，使孩子失去自己的思考和观察，导致其作品千篇一律，没有个性。

选择优质的适合孩子的音乐作品。4—5 岁孩子的音乐听辨能力已经有所提高，可以欣赏不同类型的音乐。随着认知能力和生活经验的提高，他们基本上可以理解作品中的主要情感，准确理解歌曲的大意。父母为孩子选择欣赏作品时，尽量选择风格题材各异，使用不同器乐，甚至是不同民族和国家的音乐，这样能扩大孩子的欣赏范围，丰富欣赏经验。选择的歌曲尽量长度适中、歌词简单、思想性和艺术性较高，歌曲内容也是孩子熟悉并可理解的。有些父母为图方便，直接打开手机里的音乐播放器，随机播放。殊不知，很多音乐并不适合孩子，品质也不高。另外，最流行的也并不一定是最佳的选择。相反，那些经典的，被时间证明其魅力的音乐倒是不错的选择。

为“手舞足蹈”的孩子提供环境。4—5 岁孩子的韵律发展也有了很大的进步。由于动作的协调性、连续性和平衡性提高了，孩子可以跟着拍子做动作，并且更加放松，还会与同伴合作。一些孩子还会用简单的肢体语言来编一些即兴的舞蹈等。为孩子提供欢快、童趣且画面感强的音乐，并多鼓励孩子，让孩子自己“手舞足蹈”，这对提高他们的韵律感、协调性和想象力很有帮助。

2. 陪孩子在家“玩”艺术

琳琳 4 岁了，妈妈把她的课外时间安排得满满的：钢琴课、美术课、舞蹈课一样都没有落下。琳琳妈妈认为孩子学习艺术一定要多报班、早报班。培训机构的课程虽然贵一些，但毕竟是专业的，不然家里没人学习艺术，根本无法辅导琳琳。

确实，琳琳妈妈这一代的年轻父母一般都认同艺术教育的重要性，却存在不少的误区和问题。很多父母认为艺术教育只有专业人士才可承担，于是把孩子的艺术教育都交给了幼儿园和培训机构。其实在家就可以做很好的艺术教育。

创设孩子的艺术空间

培养孩子的艺术创造力首先要在物质环境上给予保证。父母可根据孩子的年龄、性别、爱好以及实际居住情况为孩子布置一个属于他们的艺术空间。这个空间通常包括三个部分：材料区、创造区和展示区。一间房、一个角落、一张桌子都可以。

材料区主要是提供存储材料的空间。有些父母会抱怨家里没有足够的空间，其实可以利用墙面，在墙上纵向延伸。墙上安几排置物架，一块洞洞板，几个横杆并配上挂篮都可以，既省地方又好打理。布置材料区的基本原则是：安全、清洁，种类丰富，分类摆放。准备专门放置材料的容器可以是大小各异的透明拉链袋，也可以是叠放的透明带盖整理箱，这样便于规整，一目了然。放置材料的区域高度适宜、安全，且方便孩子自取，不打扰孩子的创作过程。

小贴士　材料区可以准备哪些基础材料呢？

一般可以为孩子准备以下几大类的基础材料：

◎纸，包括：图画纸、打印纸、水彩纸、牛皮纸、皱纹纸、卡纸和瓦楞纸等，尽量颜色丰富。

◎剪贴用品，包括：安全剪刀、小刀片、胶水、白乳胶、胶棒、双面胶、透明胶、彩色胶带等。使用刀片需注意安全，尽量避免孩子独自使用。

◎涂色工具及材料，包括：刷子、蜡笔、油画棒、水彩笔、各种绘画颜料等。

◎制作工具，包括：橡皮泥、超轻土、亮片、贴纸、彩钻、彩色纽扣、毛毛球、扭扭棒、麻绳、两脚钉、打孔机、订书机、活页环等。

◎废旧材料，包括：吸管、一次性纸杯和餐盘、旧报纸、带彩页的杂志和宣传册、快递包装等。每次扔东西前，和孩子讨论一下是不是可以利用这件东西，如何利用。建议专门放置一个容器来收纳这些废旧材料。

创造区是孩子进行创造的主要空间。关键是提供一个安静的、孩子不受打扰的地方。

小贴士

孩子在创造区内活动时，父母需要注意几点：

◎每次手工活动中，不要提供过多类型的材料，以免孩子的注意力被材料所吸引，而非专注于作品。

◎使用自然材料（如树叶等）前，仔细检查材料的安全和卫生情况（如有无虫卵、刺等）。使用自然材料时，引导孩子根据其本身的形态、颜色和特征进行创作，尽量少做改变，保持材料原本的自然之美。

◎准备好清洁用的纸巾、湿巾或抹布等，便于孩子在创造过程中随时清洁。

◎手工活动后，要求孩子自己清洁，养成爱卫生、做家务的好习惯。

孩子作品的展示空间也尤其重要。它让孩子意识到自己的创作是有意义的。父母可在墙上钉上软木板并配上框架，用彩色胶带把作品围起来当画框，在墙上安几根横杆或铁丝配上夹子，还可以直接用相框和展示架。把孩子的作品用冰箱贴展示在冰箱门上也是很棒的主意。家里积攒的作品可能较多，不易全部展示出来。建议给孩子的作品拍照、缩小打印，将每个季度的作品展示在一起。

教育家陈鹤琴先生告诉我们，家庭的艺术环境除了让孩子有机

会接触音乐和图画外，还要保证具有审美的环境。家中墙壁上的布置、桌上的摆设等都应该具有审美的情趣。如果家中的装饰和布置都杂乱无章，没有美感，孩子就不可能培养出审美的习惯。

寻找有趣的材料和艺术创作方式

众所周知，艺术教育可以增强创造力。那如何帮助孩子获得这种能力呢？其实很简单。和孩子一起去探索，寻找有趣的材料和新奇的艺术创作方式。比如，除了纸笔外，还有哪些工具可以进行创作呢？绘画和手工的共同特点就在于物质材料的运用。所以，在家里和孩子一起“玩”的小秘密就是寻找出其不意的材料和工具。这些工具可能在家里，在厨房的篮子里，在垃圾桶里，也可能在公园的花丛里、草地上。

小贴士　孩子可以使用的有趣绘画工具

玩具	乐高积木、塑料小人偶、过家家游戏中使用的一些小工具、铲子、雪花片、玻璃球等
粮食	大米、红豆、绿豆等
食物	意大利面、麦片、彩虹糖、坚果等
蔬菜、水果	玉米、柠檬、黄瓜片、菠萝片等
生活用品	洗碗海绵、吸管、牙签、牙刷、瓶盖、报纸、糖纸、喷壶等
身体	手指、手掌、小脚丫等
废物利用	气泡袋、快递盒、化妆棉和过期的化妆品（如口红、眼影）等

各种各样的工具可让孩子体验艺术，但如何利用有趣的材料和工具需要父母跟孩子一起展开丰富的想象，根据材料和工具的特点进行创作。关键就是要“脑洞大开”。

托盘的利用。托盘里铺上白纸，倒些颜料，把玻璃球（或是小果子、小球、小铃铛、小石头等其他可以滚动的小物件）放在托盘中，通过移动、摇晃托盘让小物件带动颜料展开，最后颜料在托盘里移动的痕迹就是一幅美丽的作品。4—5 岁孩子还可对着托盘进行吹画、拓印等更复杂的创意活动。

颜料的使用。4—5 岁孩子大多都有过使用颜料的经历。但除了使用画笔进行涂画外，还可以如何使用颜料呢？试试牙刷、洗碗海绵、丝瓜巾、气泡袋、细麻绳，试试将颜料稀释后放在喷壶里，试试让玩具车、积木、洗澡小玩偶沾上颜料在画纸上滚动……看看有什么不一样。

神奇的拼贴。拼贴就是将不同材料组合起来。拼贴最吸引人的是为孩子的创作提供了无限的可能。不同的材料，不同的组合，一切都是那么的变幻莫测。与购买现成的材料包相比，让孩子自由选择材料并进行拼贴更有益于他们的发展。4—5 岁孩子已具备剪、贴、拼的基本能力，所以自由拼贴能更好地激发他们的艺术创造力和想象力。

学艺术也能全面发展

爸爸妈妈听过 STEAM 吗？它是种新的教学理念，是集科学（Science）、技术（Technology）、工程（Engineering）、艺术（Arts）、数学（Mathematics）于一体的综合教育。与传统的单学科教育相比，它认为要培养孩子各方面的能力，成为综合性人才。其实，STEAM 由 STEM 发展而来，在近几年才加入了艺术（Arts）。可见，艺术教育的重要性越发得到大众的认同。更重要的是，艺术可以成为孩子学好理工科（STEM）的一种方法。尤其对幼儿园的小朋友而言，这种更加富有创意的、学科关联性更大的、实践和体验更强的学习方法能帮助他们更好地全面发展。

小贴士　小乐器制作

材料：填充物（如大米、红豆、麦片等）、彩色塑料蛋壳、一次性塑料勺子、胶带、胶枪。

制作：塑料蛋壳内装上填充物，用胶枪密封住蛋壳的拼接处。用两只塑料勺子夹住彩蛋，将两个勺子柄并拢，同时用胶带紧紧将它们固定在一起，成为沙锤的手柄。最后，勺子和彩蛋的接触面也用胶枪固定。一个简易的沙锤就做好了！注意：千万不要填充过满，不然沙锤无法发出声音哦。同样，棒冰棍、广口瓶盖子、橡皮筋和胶带可以变身为一把迷你小吉他！

制作小沙锤看似简单，但是作为一个STEAM小项目可以发展孩子的多种能力：

◎科学：和孩子比较不同种类、不同量的填充物发出的声音有何不同。艺术小活动立刻变身为科学小实验啦。

◎工程：和孩子一起探索如何制作沙锤最牢固，使用何种固定材料，在哪个位置固定。

◎艺术：和孩子一起完成乐器的制作。结束后共同演奏或哼唱歌曲。

◎数学：让孩子在蛋壳里装上不同量的填充物，如在三个彩蛋里分别装上很少的、一半的、满满的红豆。借此学习数的大小的概念。

3. 走出家门“玩”艺术

提到艺术教育，爸爸妈妈自然会联想到孩子在房间里练习绘画、音乐、舞蹈，但是有没有想过和孩子一起到户外，走进大自然里去学习艺术呢？

带着孩子去体验艺术

带着孩子走出家门，走进博物馆、美术馆、展览会、音乐会、剧院，这些都是帮助孩子增加艺术体验的好地方。

出发前，和孩子一起讨论行程安排，询问孩子的兴趣和选择。选择场馆应该与孩子的年龄相适应。年纪小的孩子可以选择专门的儿童博物馆，4 岁以后的孩子选择场馆的范围可以更加广泛。确定地点后，需要对相关场馆和活动做些了解，尤其是场馆的特色和镇馆之宝。许多场所的官网和公众号都会提供游览指南与参观信息。父母要特别注意对孩子入场是否有特定的要求，如身高或年龄。出发前还要计划参观多久，参观哪些展室，并时刻关注人流变化，尽量避开高峰期，以免过度拥挤或空气不良造成孩子不适。

此外，出发前可对孩子进行一些基础知识的普及，如场馆的基本信息，展品的简单介绍，还有参观的注意事项。4—5 岁孩子的理解能力和规则感已经挺强了，所以父母要和孩子交代清楚他们必须遵守的一些行为规范等。当然，还可以给孩子布置些小任务，留些小问题。如去博物馆可以问：“颜色最美丽的是哪件作品？”“最有意思的是哪件作品？”

小贴士

参观过程中，父母一定要遵守“跟随孩子”这个原则。

◎允许孩子自己选择看什么，看多久，不要贪图“多、快、透”。想要 4—5 岁孩子通过一次参观就把所有的展品看完、看懂是不可能的。所以，可以把还来不及看的或是孩子特别喜欢的作品拍下来，回家继续学习。

◎所有的作品在孩子眼里都是一样的。父母眼中的大师作品可能完全无法吸引孩子。相反，他们可能对一件不起眼的作品产生兴趣，想要多看看。这时，不要催促孩子或强行把他们带走，让他们在喜欢的作品前观察、思考和联想。

◎多听、少说。有些父母学识渊博，不停地给孩子介绍展品，希望孩子多看、多学。但是不要忘了，4—5 岁孩子仍然需要通过感官来理解世界。建议父母只给予适量的介绍，或在孩子需要帮助时给予回答，其余时间多让孩子自己去看、去感觉、去学习，让他们做自己喜欢的事。孩子可能想给喜欢的作品拍照，或将它临摹下来，或是模仿作品中人物的动作和表情，这些都可以。

参观结束后，父母还可以和孩子一起讨论本次参观的感受，借助照片等回顾学习到的知识。还可以继续探索一些与展览、演出相关的问题，阅读相关的书籍，进行拓展性的活动。比如，在参观自然博物馆后，孩子对恐龙产生了极大的兴趣。父母可以陪着孩子一起阅读《儿童恐龙百科全书》。学习恐龙的种类，一起讨论不同种类恐龙的特点，并用超轻土捏出它们不同的模样。还可以通过学习与恐龙同时代的其他生物来拓展知识。

在大自然中学艺术

大自然是艺术创造的源泉和空间，也是伟大的艺术教师。它向孩子无私传授着关于艺术的基本知识。

孩子可以在大自然里感受与艺术相关的一些基本概念和元素。一切艺术都能从自然里找到原型，但是需要孩子学会观察自然，从中吸取创作的灵感，并应用于创作中。孩子在大自然里可以学会关于颜色、形状、大小、比例等基本的美术概念，学会关于音量、音质、节奏等基本的音乐概念，还能学会模仿动物的声音和动作等戏剧表现方法。一个孩子经常接触大自然，那么大自然就会赋予他很多的灵感，比如哪些颜色搭配起来更加和谐，什么声音令人宁静而什么声音又让人害怕。

小贴士　美丽的蝴蝶

4—5 岁孩子大多已掌握关于大小和形状的基本概念，但如何让他们更好地理解对称这个概念呢？可以带领孩子在户外寻找对称，比如某些树叶、山丘、岩石、昆虫、动物、水中的倒影等。了解了“对称”的概念后，让我们和孩子一起通过“美丽的蝴蝶”这个活动来应用这个概念。

材料：画纸、颜料、刷子。

制作：画纸左右对折后再展开铺平。在画纸的一侧（左半侧或右半侧）涂上不同颜色的颜料，稍后将未涂颜料的另一侧向涂上颜料的一侧沿原折痕对折。用手掌轻压，然后小心打开画纸。一只美丽的“蝴蝶”便跃然纸上。这个美术活动可以帮助孩子更为直观地体会到“对称”是怎么回事儿。

注意：不要使用过量、过湿的颜料，以免画纸破损。

孩子可以利用大自然提供的材料进行艺术创作。沙子、泥土、树叶、树枝、石头、花朵、果实，甚至是阳光、风和雨水。大自然里的一切都能成为艺术创作的材料和工具。树叶可制成树叶贴画、标本和书签。路边的小松果涂上颜色就是个装饰物，塞上棉花、贴上眼睛，就变成可爱的小动物。不同颜色、形态的花朵可以做成植物标本，也可用于装饰图画。大自然为孩子提供的这些材料无须花费，安全又健康。最重要的是，和买来的千篇一律的材料相比，从大自然中所获取的材料本身就是艺术品，独一无二，更有利于孩子发挥自己的想象进行创造。

小贴士　我们的影子

材料：粉笔、各种自然材料。

活动：天气晴朗时，父母在阳光下摆出各种奇怪的姿势，让孩子用粉笔在地上勾勒出父母的影子。然后，和孩子一起搜集户外的创作材料（如石子、沙子、树枝、树叶，甚至是小鸟的羽毛、地上的垃圾等），并装饰这个有趣的影子，或者为这个影子摆上五官和表情，让它变得生动，甚至是滑稽。这就是拼贴艺术的户外版。

孩子可把大自然作为创作的对象。每个孩子天生向往自然。大自然里的一切都对他们充满了吸引力。与其让孩子坐在家里画花朵，不如带他去植物园现场临摹；与其让孩子跟着老师一个个动作练习

孔雀舞，不如让他去动物园观察、模仿真正的孔雀如何开屏；与其让孩子背诵赞美山水的诗歌，不如听他在青山绿水间歌唱和诉说。

孩子可以通过艺术的方式来探究和记录大自然。大自然里有许多值得孩子们去探索的对象与知识。

小贴士　自然笔记

和孩子一起制作自然笔记，用各种有趣的、以非文字为主的、允许孩子自主操作的方式记录下每一次和大自然接触所学习到的知识，包括利用：

孩子现场绘制的图画；

由孩子拍摄的照片；

标本、拓印；

现场收集的实物；

杂志和报纸上的相关图片、资料或复印件；

由自然材料完成的艺术作品；

文字（建议孩子口述、父母协助）。

帮助孩子一同将这些材料收集、整理并用合适的方式保存下来。比如，将材料粘贴在卡纸上。当然，孩子需要自己思考如何摆放、粘贴和装饰，让这份自然笔记生动而有趣，并将卡纸打孔，放入活页夹中。很快，孩子就会有一本属于自己的自然笔记了。由于笔记中大多采用非文字的方式，孩子可以根据笔记自己进行回顾和复习。除植物外，孩子还可以学习天气等自然现象，还有动物等。

大自然是不断变化的，一年四季，各不相同。爸爸妈妈需要根据具体的环境与气候来选择更为适宜的活动。比如，春天，百花绽放、色彩缤纷，可以多以花为研究对象。夏天，天气炎热，多接触水和沙滩，让孩子在玩水、玩沙中学习。秋天，落叶满地，和孩子多以树木、落叶来游戏。冬天，大雪纷飞、天气寒冷，多带着孩子在阳光下、雪地中玩耍。

走进大自然的好处是空间开阔，允许更多的人参与，孩子可以完全动起来。孩子的身体放松了，心灵也就自由了，艺术创造的本能也能得到释放。另一个好处是相对于室内的，户外的不可控制因素虽多，但有时反而成为优势。多云时，和孩子一起躺在草地上观察白云，展开想象，并画出最喜欢的一朵。下雨时，让孩子倾听雨声，感受其中的变化，和孩子一起制作简易的听雨器或者表演人们来不及躲雨时候的样子。在大自然里，爸爸妈妈一定要放开自己，让自己也变成一个快乐的孩子就行了。

回顾与思考

1. 儿童通过艺术教育能够学到什么呢?

2. 4—5 岁孩子在美术、音乐方面有哪些发展特征呢?

3. 我们身边有哪些有趣的艺术创作材料和方法呢?

4. 儿童具有艺术欣赏能力吗？能够欣赏抽象作品吗？请结合你孩子的实际情况说一说。

7

第七章

巧解同伴冲突

1. 解决同伴冲突很重要

一天，4 岁的小迪到 5 岁的玉玉家做客，两人一起开心玩耍。玉玉有一个心爱的玩具，但小迪一不小心把玩具弄坏了，玉玉立刻出现了负面情绪，伸手打了小迪。面对这种情况，玉玉妈妈冷静地对玉玉说：“我知道你很生气，小迪把你的玩具弄坏了，你很难过，所以你才打了他，是吗？我能理解你生气的感受，如果我是你，我也会生气的，但是打人是不对的，让我们一起来想想怎样解决冲突好吗？”

亲子关系在儿童期一直处于核心地位，但随着孩子入园，在孩子的社会关系中，同伴关系越发凸显重要。幼儿同伴之间的社会交往形式表现不同，冲突行为是其中频繁发生的一种。塞尔曼等认为四五岁甚至年龄更小的幼儿已具备或者初步具备换位思考的能力，故该年龄段是父母培养孩子化解同伴冲突能力的关键期。

解决同伴冲突能力的意义

巧解同伴冲突对孩子的意义重大而深远。幼儿同伴冲突的成功解决有效促进幼儿社会认知发展、社会性情感发展，以及社会技能的发展。其意义的具体体现有：

帮助孩子学会换位思考。幼儿同伴冲突解决有助于减少儿童的“自我中心”和利己主义。皮亚杰认为，“自我中心”指儿童不能采择他人观点，不能站在他人立场看待问题。当发生同伴冲突时，为了解决冲突，儿童不得不思考自己与同伴需求之间是否存在相互抵触的地方，从而逐渐学会换位思考，学会理解他人的想法。

培养孩子的合作意识。以玩具抢夺为例，着力于化解同伴冲突的幼儿更愿意“大家一起玩”，希望与同伴建立良好关系，而不是“此时此地——夺取并占有玩具是当前最重要的事情”。如果幼儿通过合作协商的方式解决同伴冲突，幼儿将学会与同伴进行合作、协商及沟通，促进合作性发展。

促进个性化发展。化解同伴冲突能帮助幼儿意识到自己是一个独立个体，与他人不同。同伴冲突的解决促进儿童个性化及自我概念的形成，同时学会与他人共同生活，接受差异。

帮助孩子建立友谊。同伴冲突具有积极意义，如果同伴冲突得以顺利解决，幼儿将增进彼此的了解，加深双方的友谊，管理与解决同伴冲突是维持友谊的关键。

提升孩子的协调能力。化解同伴冲突可帮助幼儿逐步学会按照社会规范协调彼此关系，努力说服他人，提高协调人际关系的能力，进一步提高情商。

4—5岁幼儿同伴冲突解决的主要方式

研究表明，4—5 岁幼儿社会认知发展水平较低，还远远不能够意识到分享、共赢、合作、提供利益等行为能够给同伴带来幸福与愉悦，而武力、攻击等行为只会给同伴带来烦恼和痛苦，故他们多采用武力、攻击、斥责、独断等方式解决同伴冲突，具体表现如玩具争抢、语言攻击、身体攻击、威胁命令、工具侵犯等。针对这种情况，建议父母通过实例示范和耐心解释的方式，不断引导孩子认识到积极冲突解决策略的效果，提升孩子解决同伴冲突的能力，促进其社会性发展，提高其社会化水平及社会技能，帮助孩子提高情商，学会与人交往，理解他人所想与感受，建立高质量友谊，成为同伴的好朋友。

2. 提升幼儿同伴冲突解决能力的策略

对幼儿个体发展来讲，顺利解决同伴冲突是一项挑战。挑战中又蕴藏着契机。同伴冲突解决也为幼儿提升同伴冲突解决技能、提高社会适应力提供了平台。如何帮助孩子提高同伴冲突化解能力，我们可以从以下两个方面做尝试。

同伴冲突解决六步法

同伴冲突解决六步法是指六个彼此关联的步骤。该方法帮助孩子学会换位思考，从他人的角度思考问题，了解他人想法与感受，并认识到冲突有多种解决方法，关注合作行为，通过协商寻找最有效的解决冲突的办法。

步骤 1：了解他人的想法、感受。

步骤 2：了解他人产生想法和感受的原因。

步骤 3：从他人的角度出发重新考虑问题——换位思考。

步骤 4：想出尽可能多的解决冲突的办法。

步骤 5：选出大家认为最好、最有效的解决冲突的办法。

步骤 6：如果选出的办法不可行，尝试另外一个办法。

我有两个孩子，女儿 4 岁，儿子 9 岁。我经常开车接送孩子上下学。他们经常在车的后排座位上打来打去，导致整个驾驶过程让人十分不愉快。我接受手足之争是既成事实。我过去经常不想让它发生，然后就会反复说“不要打了”，但根本没用。相反，我开始把手足之争看作帮助他们解决兄妹矛盾与冲突的机会。于是我召开了一个家庭会议，说：“上下学的路上，你们在车里打来打去导致我很难集中注意力开车，那样是很危险的。我现在对谁先打人和谁对谁错都不感兴趣，我只对谁有办法制止冲突感兴趣。你们可以先沟通、讨论，之后我会写下你们所有解决冲突的办法，这样我们可以逐一尝试它们是否有效。”

案例中，这位妈妈就是采用了同伴冲突解决六步法解决上下学路上兄妹之间的冲突。首先，妈妈通过让孩子们自由交流、沟通，让双方了解彼此的真实感受与想法及其背后的真实原因，如他们为何会发生冲突？孩子们讨论的结果是坐车过程感觉有点无聊；接下来，妈妈鼓励孩子们从对方立场出发，重新思考，并讨论出尽可能多的解决冲突的办法；最后，妈妈与孩子们共同选出最有效的可行办法，并随时进行评估。如在该案例中，孩子们想到的第一个可行办法是每个人准备一个小书包放在车里，里面装几件他们喜欢的玩具。他们认为如果他们都忙着玩玩具就不会感到厌烦，也就不会打架了。这个办法持续了一段时间，但有一天他们由于无意中碰到对方而又引起冲突。他们决定采用下一个方法，在他们之间放一个枕头，这样他们就不会无意中碰到对方而引起打闹。最后，他们又决定尝试一起做一些事情。他们拿出妈妈的录音机，发明自己的广播节目，如采访彼此，这为他们模仿那些他们喜欢的卡通人物提供了一个很好的机会。

同伴冲突解决六步法突出换位思考、协商、沟通，可以提高儿童解决人际冲突的有效性与儿童化解同伴冲突的技能。如果家长能够使之迁移到儿童的现实生活中，无疑将提高儿童的合作意识与合作水平，强化他们的大脑管理功能，提升沟通与管理冲突技能，进一步提高孩子的情商。

小贴士　培养儿童独立解决冲突的能力

解决真实问题。当知识对孩子有意义的时候，孩子才能够学得最好。如两位小朋友不愿意分享玩具，父母通过与孩子进行角色扮演，模拟两个小朋友不爱分享玩具的场景，让孩子思考解决冲突的办法。

后退一步。当孩子面临冲突时，父母总想介入，很想去帮助解决冲突，让孩子们重归于好。事实上，小的挫败感（不是那种太大的挫败感）能帮助孩子培养独立解决冲突的能力。适时后退一步，为孩子提供独立解决冲突的机会是建立他们独立与自信的有效途径。

有策略地介入。当看到孩子表现沮丧并开始升级时，父母要进行有策略的介入。提供适当的帮助和支持，情绪上孩子是愉悦与自信的，冲突问题也随即迎刃而解。

进行正确的引导。当孩子好像在哪里卡住了，此时不要急于进行帮助。你在表示同情之后，再提供一些选择作为引导，如“你觉得这样好不好”，孩子不得不去思考这些问题，并进行认真选择，从而帮助孩子解决冲突。

当同伴冲突发生时，父母请保持冷静，在旁边客观冷静地观察，而不是急于干涉，让孩子有足够的时间与空间发挥能力，独立解决冲突。孩子潜力是巨大的，尊重孩子成长的原则，让孩子通过成功解决一个个同伴冲突，慢慢成长起来。

让孩子学会换位思考

让孩子获得被理解的感受。让孩子获得被理解的感受对培养孩子换位思考能力至关重要。那些感受到被倾听、被理解的孩子更能够去倾听与理解他人。如果孩子在发脾气，父母的反应是“发脾气很不好”，那么孩子不会理解他人的感受和想法。而当父母对孩子发脾气表达同情与理解的时候，“你一定是今天感到不开心了”，孩子会意识到自己被理解，从而不会做出过激行为。但理解孩子的感受并不是说同意他做任何事情。具体我们可以根据以下内容做些尝试，让孩子获得被理解的感受。

重复与描述。重复孩子的话，或者重复你认为孩子在尽力想告诉你的话，如：“你饿了。”详尽描述你所看到的正在发生的事情。

提问。与孩子在一起时，可以向孩子提问，如在阅读故事时，可以问：“你喜欢我们刚才读的书吗？你为什么喜欢（不喜欢它）？”

让孩子知道你理解他的感受。我们对孩子的行为设限并不意味着我们同样需要对他的感受设限。不管我们是否允许，根本不可能阻止孩子感觉沮丧，这时如果我们对他的感受表示理解，如“宝贝，我知道那种感觉”，让孩子知道你充分理解他的感受，他会逐步学会管理自己的情绪。

教孩子学会理解他人的感受。在儿童早期阶段，换位思考帮助孩子们揭开世界神秘的面纱。人是群体动物，需要学会与他人共处，教会孩子独立与教会孩子同他人和睦相处同样重要。换位思考，学会站在他人角度理解他人感受是与人和睦相处、构建和谐社会关系的法宝。如何教孩子理解他人感受，不妨试试如下的方法。

多谈论他人的想法与感受。多跟孩子谈论、分析他人的感受与想法，有助于孩子理解他人感受。如家里刚出生的弟弟或妹妹在哭时，父母便可以问哥哥或姐姐:“他在哭，你觉得他是饿了吗？”经过这样的讨论，孩子便有了要站在他人的角度去分析他人感受的意识。

表达情感。研究发现当家庭成员每天都在谈论情感的话，孩子更容易理解他人。当父母感觉开心或不愉快时，请表达出真实情感，让孩子感受到你的开心与不开心。这对他们了解父母的感受会非常有帮助，从而他们会做一些能够让你开心的事情。

让孩子真实理解他人。研究发现，在日常生活中出现了问题，父母试着与孩子一起讨论为什么别人与我们有不同的想法和感受的时候，孩子会逐步学会理解他人。在与孩子讨论别人的真实感受中，评价过程很重要。例如，当孩子手上的饮料被别的孩子打翻时，孩子会马上做出一个判断，这是一个事故吗？也许打翻饮料的这个人不喜欢我？或者这个人在故意伤害我？父母帮助孩子后退一步去思考所发生事情的前因后果，运用这个方法可以帮助孩子从一个客观的角度看待事情，意识到他们在没有获得足够的信息时而匆忙做出判断是不明智的。一旦父母教会孩子这项技能，就已经为孩子提升解决冲突能力打开了大门，孩子也就不会变得那么具有攻击性。

阅读故事时，与孩子共同讨论不同人物的视角。在与孩子一起阅读故事时，可以讨论不同人物为何有不同的视角，他们背后的心理活动是什么，让孩子学会理解他人视角，并学会从他人视角看待问题。

角色扮演游戏。让孩子经历与探索各种情感，父母可以创造各种角色扮演游戏活动，尤其侧重探讨感受。一个最简单的方法就是运用布娃娃或小动物扮演一个情景剧。如可以和孩子一起玩《笨手笨脚的两只快乐小熊》。孩子和你分别扮演两只小熊，两只小熊快乐地跑来跑去，唱着歌，突然一只小熊撞到了另外一只小熊。撞的小熊说："对不起，我伤到你了吗？我可以给你一个拥抱吗？"然后被撞的小熊可能会哭一下，然后说："当你撞到我时，我感觉很吃惊，你伤害到了我。现在我们可以一起唱歌跳舞，但要小心别伤害到对方。"然后两只小熊又开始唱歌跳舞做游戏了。

3. 妙对爱告状的孩子

这个家里有兄妹二人，妹妹 4 岁，哥哥 7 岁。妹妹一天天地长大了，聪明乖巧，越发招人喜爱，但却特别爱跟妈妈告哥哥的状：“妈妈，哥哥吃了我的蛋糕。”“妈妈，哥哥刚刚打了我。”“妈妈，哥哥今天没有按时上学。”

孩子爱告状，这是当前二孩家庭的普遍现象，对二孩家庭父母更是一个挑战，没有哪位家长会喜欢一个动不动就告状的孩子。

孩子爱告状，好还是不好

4—5 岁这一年龄段的孩子特别爱告状，是年龄特征决定的，是其社会性发展及道德感刺激下的行为。该年龄段的孩子初步形成是非判断能力，但独立处事能力还较弱。同时，孩子的道德观在该阶段形成，孩子具有很强的正义感，在他们眼里，对与错非常重要。他们认为，无论在什么地方，我遵守规则，别人也要遵守规则。他们会一丝不苟地遵守大人的规定，如果有其他小朋友不遵守规定，但自己却必须遵守，他们会感觉非常不公平。在家里，孩子的正义感就是一定要遵守爸爸妈妈的规定，如:“我去告诉妈妈，妈妈会惩罚你的！”

这种告状类似“检举”，从积极方面来说，充分说明孩子拥有了一定的辨别是非的能力，可以对他人的所作所为做出“好坏”“对错”的判断。他们告状的内心诉求是期望获得爸爸妈妈的肯定，证明自己正确、自己是更听话的好孩子。从消极方面来说，孩子爱告状这种行为普遍让父母烦恼与担忧，由于孩子总是盯着他人的缺点、错误，这样很难发现他人的优点，并且也导致忽视自身缺点。

没有哪个孩子愿意有个爱打小报告的朋友或兄弟姐妹。随着年龄的增长，告状可能就会升级为更加令人厌恶的“散布恶意流言”行为。孩子通常认为爱打小报告的人不值得信任，告状所产生的直接严重后果可能是同伴关系破裂，双方相互怨恨。

儿童教育心理学认为，成长需要一个过程，如果通过几件小事就对孩子做出判断，那样对孩子是极不公平的。行为有好坏之分，可孩子并无好坏之分，不应该由于孩子爱告状，就给他贴上坏孩子的标签，这等于对他宣告放弃。实际上，父母可以采用赏识教育，当发现孩子具备了某一个特征，欣赏他、鼓励他、赞美他，让孩子感到被重视，孩子体验到快乐，孩子会更乐于交流。在交流的过程中，经过适当的引导，孩子会逐渐形成良好的性格特征，良好的价值观和行为模式，将促进孩子往更好的方向发展。

孩子为什么爱告状

孩子的世界很简单，他们的告状不同于社会上的打小报告。孩子爱告状出于不同缘由，多是为了吸引父母关注、寻求父母保护、寻求解决问题的办法，归纳起来，主要有以下四个方面的原因：

原因 1：吸引父母的注意。

在二孩家庭中，这种告状会发生得比较普遍，孩子会以告状的方式来吸引父母的注意。比如说，妈妈对孩子吃糖果有限定，如果其中一个孩子没能抵制诱惑，超过限定而多吃了一块，结果另一个孩子就会去告状说他多吃了一块糖。在这种情况下，告状孩子内心的声音就是：“他多吃糖果了，而我却没多吃，我比他听话、比他乖。”每个孩子都希望父母能多关注自己，多表扬自己，多肯定自己。

原因 2：寻求父母的帮助。

“妈妈，哥哥抢了我的冲锋枪！哥哥又打了我！”孩子在成长过程中，与小朋友或兄弟姐妹发生矛盾与冲突在所难免。四五岁的孩子在一起玩儿，可以很忘我、很开心，但由于每个孩子的人际交往能力不同，当有矛盾、冲突出现的时候，他们就会显得手足无措，不知道该如何处理，尤其是当他们自己处于压力之下，备受委屈之时，他们就会转向父母求助，希望能得到父母的庇护。

原因 3：变相询问父母的意见。

有时，表面上看孩子在告状，但其实是一种变相询问父母的意见的做法。如妹妹发现哥哥在玩游戏，其实自己也想玩，但心里又怕妈妈不同意，因为平时妈妈对他们玩游戏的时间有限定，于是在这种不确定的情况下，妹妹就会采用告状的方法，说："妈妈，哥哥在玩游戏！"借以试探妈妈的态度。如果妈妈不让哥哥继续玩游戏，她就不玩了，但如果妈妈没有表示太大的反对，那么她也就可以和哥哥一起玩一会儿游戏了。

原因 4：恶人先告状。

有时，孩子原本自己做错了事情，如妹妹先打了姐姐，但妹妹怕妈妈知道后，会批评和责罚自己，于是妹妹就恶人先告状，说："妈妈，姐姐刚才打了我！"妹妹的内心期望就是妈妈会批评姐姐，让姐姐要有一个姐姐的样子，以后多担待妹妹一些，通过先告状，妹妹想逃避责任，免受父母批评与责罚。

孩子爱告状背后的原因不同，父母如果想淡化孩子"爱告状"的意识，需要客观了解告状的来龙去脉，并采用相应策略，帮助孩子树立良好的道德感与为人处世原则，提高人际沟通能力，能够与周围小伙伴友好玩耍，和睦相处，养成良好的性格与品质，成为一个受欢迎的小伙伴。

淡化孩子"爱告状"意识的策略

对有理的告状，父母予以肯定；对其他告状，父母予以耐心和细心、灵活处理，从而淡化孩子"爱告状"意识，具体策略如下：

给予积极回应。孩子找你告状，父母要做出积极回应，千万不要说“你好烦”“不要告状”等，这样会挫伤孩子的正义感。相反，父母一定要尊重和理解孩子的心情，认真并关切地倾听，父母在倾听“告状”时需要给予孩子耐心、细心，保持冷静，客观分析问题，不偏不倚去判断，细致调查事情的来龙去脉，解决矛盾和冲突。但同时需要与孩子进行深入沟通，提醒孩子，不仅要学会发现别人的错误，更要善于发现别人的优点，引导孩子全面看待别人，促进孩子心理健康发展。

“莫告状”亲子小游戏。对 3 岁以上的孩子，当他们向父母告状时，实际是他们不知道该如何解决冲突。父母应尽量鼓励他们自己尝试解决冲突，提升独立解决冲突的能力，避免孩子有依赖心理。

小贴士　“5 个手指头”亲子小游戏

父母：“把拇指举起来，说说为什么告状。”

孩子（举起拇指）：“弟弟抢走了我的玩具车。”

父母：“你能想出 3 个解决办法吗？想到一个方法，就举起一个手指。”

孩子（举起食指）：“我要抢回玩具车！”

（举起中指）：“妈妈再给我买一个玩具车。”

（举起无名指）：“我们可以轮流玩玩具车。”

父母（举起小指）：“有一个小手指没用上呢。举起小指，你觉得哪个方法最好啊？”

孩子：“我们轮流玩玩具车。”

父母坚持每次都同孩子用这个“莫告状”亲子小游戏解决告状问题，逐步培养孩子独立解决冲突的能力，让孩子不会再动不动就找父母告状，而是学会自己做出选择，自己化解冲突。当然父母也可以不用到手指，直接讲方法，重要的是需要孩子积极开动脑筋，掌握解决冲突的方式方法。

妙用换位思考。当孩子们发生矛盾时，父母需要妙用换位思考，告诉孩子：我们不可能要求每个人都和自己一样，世界是个丰富而复杂的东西，要让孩子学会理解，即使是规矩也是千差万别的。培养孩子尽力尝试理解别人的行为与想法，与周围小伙伴融洽相处、互助友爱的能力。让孩子在换位思考中改掉爱告状的坏习惯。

宣布规定“不告状”。向孩子讲解“告状”与“告诉”的区别。讲清楚区别之后，父母就宣布：“从现在开始，无论告小伙伴的状还是告兄弟姐妹的状，我都不听，以后不许再找我告状了。”父母要用严肃的语气宣布这个规定，让孩子知道这是认真的。从此，家长就真的不再理会孩子的告状，直到让孩子真正意识到告状并无用处。

孩子爱告状，其实正是父母启发孩子自己寻找解决矛盾与冲突方法的机会，父母可充分借此机会，鼓励孩子自己独立分析问题、解决问题。同时，父母鼓励孩子体验与小伙伴友好相处的快乐，耐心、善意地帮助别人，通过对解决问题能力的充分发展和肯定来淡化孩子的告状意识，矫正告状行为。

回顾与思考

1. 你是如何利用绘本教孩子化解同伴冲突的？

2. 你是如何利用睡前小故事培养孩子换位思考能力的？

3. 你是如何帮助孩子做一个好朋友、好伙伴的？

4. 请试着采用“莫告状”亲子小游戏，结合孩子现实中遇到的问题，谈谈如何淡化孩子告状意识，培养孩子独立解决冲突的能力。

5. 请试着采用解决同伴冲突六步法，结合孩子在现实中遇到的问题，谈谈如何提高孩子解决同伴冲突的能力。

第 八 章

男孩女孩不一样

1. 走进男孩的世界

虽然你的儿子现在只有 4—5 岁，作为父母，你的心里对年幼的他已经有了期待。那么，你希望自己的儿子将来成为怎样的男人呢？在为儿子做决定的时候你们真的懂他需要什么吗？爸爸应该在儿子的成长过程中树立怎样的榜样？妈妈能否不再因为自己的焦虑而把压力转嫁到年幼的儿子身上呢？作为父母，你们认真想过这些问题吗？

男孩行为准则靠谱吗?

中西文化在很多领域差别很大，但对男孩的行为要求却惊人地相似。威廉·波拉克将这种基于性别刻板印象，社会对男孩的行为、举止和性格发展的理想化的要求和期待称作男孩行为准则。它主要包括四个方面：

（1）男人应当坚忍、意志坚定、自强自立。

（2）男人应当时刻充满活力、敢于冒险、勇于挑战。

（3）男人应当努力奋斗获取地位、权力和财富。

（4）男人应当具备大男子气概，阳刚之气，避免表现“娘娘腔”的、软弱的行为和情感。

这些基于性别刻板印象所要求的男孩行为准则在现代社会显得不合时宜了，因为它影响了男孩和成人之间，尤其是和父母等亲密的成人之间的沟通交流，不利于年幼的男孩发展健全的人格和健康的心理。当4—5岁男孩在情感上尚未准备好和父母分离的时候，他们被迫“假独立”以符合社会对他们的行为要求。当他们想要哭泣、倾诉的时候，男孩行为准则让他们觉得羞愧，难以启齿。当他们感到害怕、无助、难过的时候，他们不得不去坚强、勇敢地面对。渐渐地，他们会将自己的内心封闭起来。他们看上去很酷，但是实际上他们的内心很孤独。研究表明，社会对男孩的过分期待是他们生命的不可承受之重。许多年幼的男孩因此而患上多动症、行为紊乱和抑郁症。作为父母，对4—5岁男孩的期待不能不切实际，给他们年幼的心灵造成无法修复的创伤。父母应该允许男孩在难过的时候哭泣，在脆弱的时候给他们肩膀和拥抱，在无助的时候给他们帮助，而不是一味地对他们说：“你是男孩子，你要坚强，你要勇敢！”父母在鼓励年幼的儿子去大胆尝试、勇敢面对之前应该告诉他们：“我们永远是你的依靠和后盾，无论你成功或失败，我们都依然爱你。”

爸爸，你对儿子的成长很重要

3岁以前妈妈好像就是男孩的全世界，因为年幼的孩子主要是由母亲来负责养育、陪伴和管教，爸爸仿佛就是男孩世界里的过客，匆匆来，匆匆去。有人开玩笑说:“知道什么是最没有用处的母婴产品吗？就是爸爸。”很多妈妈听了大概都会淡然一笑。爸爸的职责好像就是赚钱养家，让家人过上舒适的生活。爸爸的确辛苦，工作了一天回到家已筋疲力尽，他们没有留意到儿子渴望关注的眼神，有时即便是看到了，也没有精神和心情去陪伴孩子。然而，很多爸爸没有意识到自己对儿子的成长是多么的重要。3 岁左右的孩子已经有了性别意识，3—5 岁时孩子逐渐建立起性别图式。他们会对生活中很多的事物、行为和角色进行性别标签化。此时，他需要身边有个男性榜样，通过观察这位男性榜样的一举一动来强化自己的性别意识，建立自己的性别角色。这个最好的男性榜样就是爸爸。

爸爸究竟对男孩的成长有多重要？在儿子的眼里，爸爸是最聪明、最坚强的人，他无所不知、无所不能，爸爸掌握着权威并制定规则。显而易见，儿子是多么仰望他的父亲。他渴望得到爸爸的关注、保护和称赞。爸爸给他们的安全感影响着他们的世界观，他们想要成为像爸爸那样的人。而父子之间的这种特殊的情感联结源于一种天生的、健康的、只属于男性的骄傲。

小贴士　爸爸应该这样去爱自己的儿子

首先，男孩做任何事情都希望得到父亲的认同。4—5 岁的小男孩会在意爸爸是否对自己所做的事情表示认同。如果能得到爸爸的认同，他会非常开心，充满自信。

其次，男孩希望得到父亲的赞赏。4—5 岁的男孩虽然年纪小，但是他依然渴望被赞赏，觉得自己有过人之处。比起妈妈的赞赏，爸爸的赞赏会让他更有成就感。因为男孩更仰望爸爸这个男性榜样，所以更加能从爸爸的赞赏中获得满足。

最后，男孩希望得到父亲的关注。他会观察爸爸是否注意他的一举一动。当男孩兴冲冲地跑向他的爸爸去问问题，而爸爸却一声不吭地走开时，你无法想象他的内心受到了怎样的伤害。他会想是不是自己做错了什么，或者是不是自己问的问题很愚蠢。

父亲的榜样力量不容小觑，儿子通过观察模仿父亲的言行举止来建立自己的男性形象。父亲希望孩子成为什么样的男人呢？正直、坚强、勇敢、自信。如果是你希望他具备这些品质，那么，在孩子面前就请注意你的言行举止。如果你在家庭生活中尊重、关爱他的妈妈，那么你的儿子将来也会像你一样懂得尊重女性。时刻记得：男孩是行动派，父亲用自己的一举一动为他树立的榜样比起妈妈嘴里一百遍的说教更加有用。

小贴士　给单亲妈妈的建议

现代社会的离婚率不断上升，因此，产生了很多单亲家庭，而离婚对年幼孩子的影响是不言而喻的。年幼孩子大多会跟随母亲生活，如果男孩子从小生活中就缺失了一个男性榜样，会对他的成长造成不利的影响。研究发现，离婚导致的父亲角色缺失会对男孩产生以下不良影响：

（1）生活在单亲家庭的男孩在身体、情感和教育上被忽视的可能性是一般家庭的两倍。

（2）生活中父爱缺失的男孩更容易变得暴力，更有可能犯罪。

（3）单亲家庭成长的男孩更易有行为问题、心理问题和教育问题。

然而，这并不意味着和单亲妈妈一起生活的男孩不会成长为身心健康的男子汉，妈妈们千万不要剥夺男孩和父亲相处的权利，因为，如前文所说，这对他们的健康成长非常重要！即使因为各种原因，男孩子无法获得父亲的关爱，也请一定让他的生活中有男性榜样，这个人可以是叔叔、舅舅、爷爷、老师等，只要他是身心健康的男性形象，都可以对男孩产生一定的积极影响。

妈妈，请你不要着急

“十月怀胎”“母子连心”，这些词语充分体现出妈妈对孩子与生俱来的细心和爱护。妈妈总能敏感地捕捉到孩子发出的任何信号，并迅速做出反应。对母爱的歌颂自古有之，妈妈对孩子的付出和爱不必赘述，也不容置疑。但是，这份浓浓的母爱却总是伴随着妈妈或多或少的焦虑情绪，特别是在男孩的教养上。哪怕孩子现在只有4—5岁，妈妈也希望自己儿子将来成长为有出息、有能力、有成就的人，所以从小就对他们悉心栽培，陪着他们出入各种兴趣班、补习班、特长班。

妈妈对儿子培养的焦虑主要来源于同伴的压力。妈妈们会一起交流、探讨孩子的生活和学习，然后发现其他妈妈做得比自己多的

时候，她就开始焦虑，担心自己对儿子的培养不够，思考是否应该再给他报个足球班、英语班。妈妈出于同伴压力所做的决定极少是对孩子真正有益的。因为她没有考虑孩子的需求，更忽视了4—5岁孩子的身心发展状况，急于求成、拔苗助长，既耗费了大量的时间和金钱，又没有收到满意的效果。妈妈们希望培养好自己的儿子无可厚非，但是应该考虑孩子的兴趣，而不是自己的愿望，并把自己的愿望强加在孩子身上。其实，对4—5岁的男孩来说，妈妈每晚给他读一本有趣的故事书更能让他高兴，因为他更看重的是妈妈的陪伴。

作为妈妈，应该成为丈夫和儿子之间沟通的桥梁。4—5 岁这样年幼的男孩，他们已经开始通过观察模仿父亲，学习怎样成为一个小男子汉。但是，爸爸常常没有妈妈细心，容易忽视和孩子相处的重要性。作为妈妈，应当经常提醒丈夫，并创造机会，让丈夫参与到男孩的培养中来。妈妈对男孩培养的重要作用之一就是帮助儿子和丈夫之间建立亲密的、健康的关系。

小贴士

作为妈妈，绝对不要在儿子面前数落丈夫的不是，也不应该在父子交谈时因为不认同丈夫的观点而强行打断，并发表自己的观点。请记住，再多的母爱也不能代替父爱，男孩非常需要这份父爱。

4—5 岁的男孩在哭泣的时候，妈妈不必要求他忍住眼泪；在他难过的时候，妈妈也可以尽情地伸出双臂给他温暖的拥抱。据研究，年幼的男孩如果没有和母亲之间建立起紧密的情感联系，会影响他成年后和女性之间建立健康的人际关系和对其他女性的信任。妈妈的爱会让男孩成长为身心健康的男人，妈妈的爱会让他成为懂得关爱他人、欣赏女性、信任女性的男子汉。

2. 这样去爱你们的“小棉袄”

我们的女孩不缺爱，4—5 岁的小女孩，奶声奶气地和爸爸妈妈撒娇、求抱抱，让人无法抗拒。妈妈的爱不言而喻，无微不至、体贴入微。女儿和妈妈之间有一种天生的亲密，这种亲密会一直伴随着女儿的成长。那么，爸爸的爱呢？爸爸能给女儿怎样的爱？父母又该怎样“富养”心爱的女儿呢？

爸爸，你能给女儿不一样的爱

父亲是女孩生命中最重要的男性，爸爸能用他男性的勇气和智慧为女儿的生活设定航向；帮助女儿在情感和理性之间找到平衡；教她为自己的情绪找到适当的出口；给她示范如何迎接各种挑战。

坚毅、顽强并不是男孩才需要培养的品质，女孩在人生的道路上也同样会遭遇各种挫折、失败和考验。因此，作为父亲，应该用自己的男性特质和行动力身体力行，为女儿展现坚毅、勇敢、顽强、独立等优秀的品质。研究证实，那些和父亲关系亲近的女孩在各种场合中会表现出更少的焦虑和逃避行为。所以，最好的爸爸不是能为女儿遮挡一切风雨，而是能够塑造培养女儿的意志力，让她能够学会从容面对人生的各种挑战，这才是父亲能给女儿的最宝贵的人生礼物。

男人往往不善于表达自己内心的情感，没有关系，这并不影响你和女儿之间的互动。很多时候，她只是需要你的眼神关注，你用心倾听。你不用刻意去说，只要让她感受到你在认真地听她说话，对年幼的女孩来说已经是内心极大的满足。但是，如果你只是假装在听，4—5 岁的女孩也能敏感地察觉到你心不在焉，几次之后，她便会渐渐地不再主动和你互动，在情感上和你变得疏远。

小贴士

有专家建议，爸爸只需要每天花 10 分钟认真倾听女儿说话，和她互动，一个月之后将会让父女之间呈现全新的亲密关系。

如果爸爸工作之余喜欢走出家门去放松，那么请带上你的女儿。虽然她只有 4—5 岁，但是请让她有时间和你一起做你喜欢做的事情。让女儿走进你的世界，分享你的快乐，这会拉近你们之间的距离。尤其在今天这个充斥着电子产品的时代，女儿和你一起走出家门，享受亲密的亲子时光，进行面对面的互动交流，比起窝在家里做“低头族”要健康、愉快、有意义多了。

小贴士

父亲你希望自己的女儿将来嫁给一个正直的、诚实的、勇敢的、坚毅的、自立自强的男性吗？若是就请你在女儿的生命中做那样的人。同时，也请尊重和爱护你的妻子。

如何“富养”女孩

虽然社会上不乏“重男轻女”的思想，但近些年，“富养女，穷养儿”的家庭教养思想也备受追捧。“富养”女孩应该吗？答案是肯定的。我们“富养”女孩的目标是什么？不是在金钱上、物质上无限制地满足女孩的物质欲望，而是应该让女孩从小体验丰富的、充实的人生，增长她的见识，开阔她的视野，让她成为有修养、有智慧、有主见的独立女性。那么，究竟应该如何“富养”女孩呢？

教她自尊自爱。作为父母，应当告诉她“人必其自爱也，而后人爱诸；人必其自敬也，而后人敬诸”的道理。这句话强调了人要自尊自爱。一个女孩要让人觉得凛然不可侵犯，那么她在男人心目中就会高贵起来。所以，即使你的女儿只有4—5岁，也应该教她学会爱惜自己的身体，保护自己的隐私部位，不能让任何人，尤其是异性触碰自己的隐私部位。请不要允许4—5岁的女儿在家里裸露身体，要从小教会她衣着得体，既不追求华丽，也不要邋遢，大方得体即可。同时，作为父母应当身体力行地教她尊重他人，欣赏他人，这是个人修养的体现。

教她谦虚做人。很多父母已经开始带着自己 4—5 岁的女儿乐此不疲地穿梭于各种艺术兴趣班了。如果女儿跳舞很棒，画画很好，或者钢琴比赛得了奖，那么做父母的必定会感到自豪，为女儿鼓掌喝彩。的确，当女儿有进步，取得好成绩的时候，父母为孩子感到骄傲无可厚非。然而，父母不能一味地夸奖，眼里只看到女儿的优点，还要让她清楚自己的缺点，并能坦然地接纳自己的不足。作为父母，应当让女儿从小就知道你们的爱不是因为她有多么优秀，而是因为她就是她，你们爱她的一切，包括她的不足。教她谦虚做人意味着让她能够客观地评价自己，既不狂妄自大，也不妄自菲薄，这是智慧的体现。

让她经历挫折。父母往往对女孩会过分保护，任何问题都帮她解决，任何决定都代她做主，生怕孩子遭遇挫折。然而，父母不可能永远陪在孩子身边，不可能永远包办代替，女儿总有一天要独立生活，她需要自己去面对生活中的各种问题。因此，父母应该从小就平等地对待她。与孩子的生活、学习相关的事情要尊重孩子自己的意见，要让她自己去考虑问题，父母给她做参考，培养她做个有主见的女孩。当然，4—5 岁孩子的思想是不成熟的，如果按照自己的意愿行事可能会遭遇挫折和失败。但是必要的挫折教育会促进孩子的成长，父母应该把握挫折教育的机会，帮她分析问题，正确看待失败，积极地引导她思考解决问题的方法。

让她爱上读书。喜欢看书的女孩大都恬静从容，知性优雅。阅读可以让人心情平静、身心愉悦，书本蕴含的智慧会让女孩懂得很多人生道理，让人学会用一种平和的心态去面对生活中的喜怒哀乐、悲欢离合、高潮低谷。书本赋予女孩的魅力是华丽的服饰和美艳的外表无法给予的，而这种魅力会让女孩在人际交往中光芒四射。如果父母没有优渥的条件可以让女儿从小游历世界、开阔眼界，不要紧，请为你们 4—5 岁的女儿买几本好书，这同样可以丰富她的眼界，改变她的思想，提升她的修养。请培养她爱读书的习惯，从她小时候开始陪她亲子阅读，让她慢慢爱上读书，让她成为一个思想上富有的女孩。

让她体验必要的物质生活。在家庭条件允许的情况下，父母可以满足女儿合理的物质上的要求。爸爸妈妈可以在假期带着 4—5 岁的女儿出国旅游增长见闻；妈妈可以在周末带着自己的“小闺蜜”去喝下午茶享受悠闲时光；爸爸也可以在宝贝女儿 5 岁生日的时候送她一件梦寐以求的礼物给她惊喜。其实，只要经济条件允许，父母都会尽量满足女儿的需要，但是请注意限度，不要溺爱、纵容女儿，不要让女儿养成过分追求物质享受和爱攀比的坏习惯。作为父母，应当晓之以理、动之以情地和女儿分析家庭的实际情况，从小引导她树立正确的人生观。如上所述，要培养女孩成为一个思想上富有的人，而不是一个只追求物质富足的人。

3. 在性别教育中融入早期性教育

性别教育涉及生理、心理和伦理等各方面，性别教育包括一定的性知识教育。现在备受推崇的双性化教育理念究竟是什么？如何在家庭教育中实施双性化教育？年轻的父母都应该学习了解。同时，性知识教育作为性别教育的一部分，父母也应该尽早将其融入孩子的日常家庭教育中。

重视孩子的双性化教育

几个 5 岁的小朋友在一起玩“在医院”的角色扮演游戏。男孩子扮演医生，女孩子扮演病人和护士。其中一个小女孩提出自己想要扮演医生的角色，让小男孩演护士。两个小男孩都拒绝了，一个说：“我是男孩子，是不能当护士的。”另外一个也随声附和：“对呀，护士应该是女生演的呀。”结果，这个小女孩只好继续扮演护士的角色了。

究竟是什么原因让几个 5 岁的小孩有了性别刻板印象呢？是我们传统的单性化教育。单性化教育强调男孩必须严格遵守“男孩行为准则”，而女孩必须安静、温柔、顺从。男孩只追求勇猛、刚毅而缺乏耐心、温和、细腻的气质，女孩则缺乏独立、坚毅、勇敢、顽强的品质，这些都是单性化教育的后果。双性化教育是针对传统单性化教育而提出的。作为父母，在日常生活中请不要给 4—5 岁的孩子灌输“男孩、女孩就必须怎样”的观念，而应该在一言一行中培养孩子的双性化人格。

父母可以鼓励年幼的孩子交异性朋友。孩子的天性是通过接触相互模仿学习。因此，父母应该多提供机会让男孩女孩在一起互动、玩耍。这个过程中，孩子们就会相互模仿学习。当然，父母不能强迫孩子，要尊重孩子的意见，不然会适得其反。父母需要做的是鼓励孩子，并且创设适合男孩女孩一起游戏的环境。当孩子在相处的过程中感到畏缩和害羞时，父母可以告诉孩子，无论男孩女孩，都可以和异性交朋友，大家相互学习，取长补短。渐渐地，你会发现，孩子们在互动的过程中性格上的弱点得到了弥补，孩子的人格也得以完善。

小贴士

父母不要过于区分孩子的性别、性格，因为很多性格特点并不是男孩 / 女孩特有的，比如，坚强不是男孩特有的，善良也不是女孩独有的。如果父母过于强调，反而会引起孩子的反感和排斥。在家庭教育中，父母要把握好尺度，过犹不及，让男孩越来越“娘娘腔”，女孩越来越“假小子”，这样就背离了双性化教育的初衷，得不偿失了。

教孩子了解和保护自己的身体

研究表明，将早期性知识教育融入4—5岁孩子的性别教育中是十分必要的，对他们的身心健康发展大有好处。如何做好正确的引导，请看看下面这几招，也许对你有帮助。

洗澡是性教育的好时机。洗澡的时候孩子全身裸露，父母可以告诉孩子，哪些是隐私部位，是绝对不可以随意让人触碰的；一旦有陌生人想要触碰自己的隐私部位，一定要大声拒绝并走开；如果有人强行触碰自己的隐私部位，一定要立即告诉父母，千万不能因为害怕而隐瞒。

小贴士

值得注意的是，父母不要允许4—5岁的孩子在家里光着身体，即使是父母这样亲密的人，也应该尽量让妈妈给女孩洗澡，爸爸给男孩洗澡。爸爸们不要拍小女孩的屁股或者亲吻她的嘴唇，让小女孩知道，这些部位连爸爸这么亲密的人都不能触碰，其他人就更不可以了。

绘本也是让4—5岁孩子获取相关性知识的好途径。现在关于儿童性教育的优秀绘本有很多，包括性知识的启蒙和安全教育，比如，国内的《为什么我是女孩》《为什么我是男孩》《男生女生不一样》，国外的《可爱的身体》《乳房的故事》《小鸡鸡的故事》《不要随便摸我》和《邪恶的秘密》等。父母陪孩子一起阅读学习相关知识，树立安全意识，寓教于乐，事半功倍。

正确看待孩子的“窥探”行为。4—5岁孩子可能会在父母洗澡、上厕所的时候闯入卫生间来看几眼。对孩子的这种行为，父母不要大惊小怪，甚至觉得孩子心理不正常。其实，孩子只是对身体产生了探索的欲望，他们除了观察自己的身体，还想知道其他人的身体是否和自己的一样。此时，父母应该以坦然的态度来面对，在孩子

“窥探”的当下进行冷处理，不要有任何激动的反应，不然会适得其反，强化他们的好奇心。事后，就可以按照上文所说的，利用给孩子洗澡和阅读绘本的时机，给孩子进行正确的教育引导。当孩子满足了好奇心，就不会再有“窥探”的行为举动了。

回顾与思考

1. 你是否认同本章所述的男孩行为准则？希望培养儿子哪些品质？

2. 作为父亲，你认为自己对儿子的影响主要体现在哪些方面？

3. 在培养儿子的问题上，你是否也是一位焦虑型的妈妈？

4. 作为父亲，你在女儿的生活中扮演着怎样的角色？

5. 作为父亲，你希望自己的女儿将来嫁给怎样的男性？你自己是否达到了这些标准？

6. 你认为双性化教育靠谱吗？

7. 你认为对孩子进行早期家庭性知识教育重要吗？为什么？

9

第九章

玩转科学

1. 培养孩子的科学态度

儿子5岁不到，有一次我带他去小区花园散步。他在树底下发现了好多爬来爬去的蚂蚁，蹲在树底下看得可入神了。儿子问我："爸爸，你说蚂蚁爬来爬去在干什么？小蚂蚁有嘴巴吗？小蚂蚁都喜欢吃什么呢？小蚂蚁住在什么地方啊？"他的问题可多了，有时我也回答不上来。

4—5岁孩子会对生活中常见的科学现象产生浓厚的兴趣，这是因为孩子的好奇心。如果孩子自发形成的好奇心和主动探索性行为能获得父母的积极回应和支持，那么孩子进一步探究事物的能力将会得到发展。那什么是良好的科学态度？怎样培养孩子的科学态度呢？

什么是良好的科学态度

良好的科学态度指的是培养孩子在科学探索时的好奇心、怀疑精神、积极的自我形象以及面对失败时的积极反应等。

小贴士 **科学态度应包含的内容**

好奇心	检查证据
怀疑精神	面对失败时的积极反应
客观性	积极的自我形象
开放性	面对改变时的积极态度
不武断	诚实
仔细观察	谦逊
审慎结论	不迷信

（注：本内容摘自凯琳·林德著，夏婧译的《儿童科学教育探究》）

好奇心爆棚。好奇心是孩子遇到新奇事物或者在新的环境中产生的注意、提问等倾向，它能激发儿童寻找世界的真相，是孩子解决问题，获得新经验的推动力。孩子的好奇心通常表现为：第一，特别爱提问；第二，特别爱动手探索。4—5 岁孩子一般能从直接感知到的自然现象中理解一些表面而简单的因果关系，比如："因为鸟儿有翅膀，所以能飞。"但是他们对科学现象的认识往往受到外部特征，例如颜色、形状等的影响。孩子对生活中时有接触但不太熟悉的事物更容易表现出强烈的探究兴趣，喜欢观察特征明显、多元、有变化且好玩的事物与现象。他们对探究内容的选择会受到其日常生活经验和自身活动视角的影响，更多关注和探究与现实生活相关的具体事物，并渴望了解这些事物的用途、结构、功能、属性、特

征、变化等。他们科学探究的目的性增强了许多，不过他们的探究兴趣仍然是比较浅显的。如果在探究过程中遇到困难，他们会放弃或者喜欢模仿同伴。

怀疑精神。孩子应该被鼓励去学会提问、质疑，常问为什么，并被鼓励接受一些有价值的事物。父母可依据对孩子的观察所得到的现象与数据，进而鼓励孩子的探究活动，目标是要鼓励孩子去探索解决问题的新方法，并保持一种开放的心态。

积极的自我形象与面对失败时的积极反应。孩子需要提出自己的问题，并选好解决问题的方法。有时候孩子会失败，但是他们在解决问题的过程中获得的知识远比直接知道正确答案获得的多。父母要通过自身的榜样以及对孩子出现这类行为的反应，培养孩子的这种科学态度。

利用环境引发孩子的好奇心

充分利用家庭教育资源，在布置家居环境之前要充分考虑孩子的活动空间。家居摆设要尽量整齐有序，注意桌椅棱角的安全性，为孩子提供安全有序的活动环境。父母在为孩子选择玩具的时候，应该有自己的选择标准，既要考虑到孩子的兴趣，又要考虑到玩具是否有助于孩子进行动手动脑探索。

为孩子提供可以探索的物品。家里可用于探索的物品包括：鸡蛋盒、麦片和其他食品盒、牛奶盒、塑料盖子、坚果、种子、管子、咖啡罐和各种盖子、纸盘子、海绵、旧蜡笔、鞋盒、感光相纸、牙刷、礼品包装纸、旧的卡片、报纸、塑料软管、木头废料等。户外可用于探索的物品：石头、种子、黏土、贝壳、昆虫和无毒植物等。

巧妙回答孩子的问题

面对孩子的提问，父母千万不能表现出不愿回答、轻视厌烦，甚至嘲笑责骂。这样孩子就不敢问、不愿问了，原本浓郁的好奇心和求知欲就被泯灭了。父母首先要给予关注，只要你觉得孩子真的是想知道新的东西，要尽量满足他们。然后根据实际情况选择直接回答、引导孩子思考或寻找答案的方法。具体我们可以这样做：

直接回答。有一些问题是孩子无法通过动手操作和探索获得答案的，可以给予孩子直接的回答。对一些事物不认识而问“这是什么花”的问题，父母需要做的是准确地告诉孩子物体的名称。最好做些讲解，用跟孩子交谈的方式，引导孩子更全面地认识事物。

指导阅读。如果碰到自己也不懂的问题，就和孩子一起翻阅有关书籍，或上网查资料获得答案。父母不认识的花，可以和孩子一起查找百科全书。这样，孩子对周围世界的认识就建构起来了。慢慢地，孩子就养成了认真观察、积极思考的习惯，同时他们也明白了收集资料的方式。

引导思考、鼓励探索。对一些可以通过直接探索获得答案的问题，可以引导孩子通过自身的探索去思考，找到答案。

启发联想。当孩子提出一个问题时，可以启发孩子回忆、联想、整理生活经验，找到答案，并由此及彼，引起更深的思考。

留下期待。有的问题因为孩子小而难以回答，也有些问题不必回答。遇到这类问题，不要随意敷衍孩子，尽量给孩子留下寻求答案的期待与渴望。有些问题一时无法回答，有些问题不能用孩子能理解的言语解释清楚，但可这样告诉孩子，你提的问题很有价值。同时让孩子萌发探究科学的期望。

小贴士　孩子的学习品质

什么是孩子的学习品质？

在《3—6 岁孩子学习与发展指南》中，特别强调培养孩子的学习品质。学习品质指的是能反映儿童自己以多种方式进行学习的倾向、态度、习惯、风格等。学习品质包括：

（1）好奇心与学习兴趣。

（2）主动性，即孩子面对任务的态度和目标意识。

（3）坚持与专注。

（4）想象与创造。孩子能够利用想象等拓展知识，进行新的学习。

（5）反思与解释，即孩子是否能够吸收、思考、理解已有的知识和信息，以便进行下一步的学习。

如何在科学探究活动中发展孩子的学习品质？

（1）合理利用丰富有效的材料，开展丰富多彩的探究活动，激发孩子的好奇与兴趣。

（2）创设宽松的心理环境，在父母引导中培养孩子主动性。

（3）用新颖多变的科学活动（实验、观察、种植等）培养孩子的坚持与注意力。

（4）积极创设有关科学问题情境，鼓励孩子创造与发明。

（5）引导孩子进行正确的自我评价，学会反思与解释。

2. 利用日常生活培养孩子的科学技能

科学技能是那些能够使儿童通过亲身体验而习得新技能的能力。这些技能不断发展，彼此相互依赖并且有重叠之处。对学前儿童来说最适宜的是观察、比较、分类、测量与交流之类的技能。这些技能，不仅是处理日常生活事物必备的能力，也是未来学习科学与数学知识的必备能力。4—5 岁孩子也可以进行简单的技能操作，如对物体的物理变化进行合理性猜测。

培养孩子观察的技能

4—5 岁孩子以具体形象思维为主，其探究的视野从点扩大到面。在父母的引导下，能够围绕问题进行整体有序观察。在有序观察方面，孩子能在观察记录表的提示下，有目的、按顺序一次完成对身边事物的观察与记录。孩子对事物的判断十分依赖其当前感知与已有经验的连接。他们能较清晰地把握与区分身边熟悉的事物。在缺乏已有经验支持和成人引导的情况下，他们会自己尝试，但他们对事物间复杂关系的观察与认识还比较困难，对探究材料的结构性认识还不足。父母应鼓励他们多次尝试，以提升其探究的质量。

孩子年龄较小，他们不善于主动观察日常生活中的科学现象，因此，父母要有意识地引导孩子去注意和发现，提醒孩子注意关心和探索，经常提问“为什么”，父母可以在任何时间、场合，以简短的语言引导孩子观察。当孩子对周围世界感兴趣时，父母要培养孩子观察的习惯，提出观察要求，引导孩子用眼睛以外的其他感觉器官，通过听、嗅、触摸和品尝等方式对事物进行全面和完整的认识。

例如，父母可以和孩子一起观察鸟类，帮助孩子了解鸟类和植物的联系。植物为鸟类提供了食物和庇护所，鸟类帮助植物传播种子。告诉孩子为何在没看到鸟儿的时候也能知道它们生活在这片区域，即通过听声音、鸟巢、鸟类啄食昆虫时在树上留下的印迹等来判断。

让孩子学会用眼睛观察。父母和孩子轮流描述房间里的物品，然后让对方猜测描述的物品是什么。猜测的人可以通过提出问题来寻找线索。

父母和孩子一起烹饪。在烹饪活动中，让孩子观察这些配料在烹饪过程中的变化。

父母和孩子一起通过收集影子的资料并观察影子与光的变化，引导孩子发现物体与光的关系，发现影子的变化，并能够把自己的发现及时与大家进行交流。解决问题的过程中，父母可以及时地提醒孩子他们探究的问题和任务是什么，不然孩子在享受过程的时候会忘了他们最初的目的。

小贴士　谁邀请了蚂蚁？

父母准备一些食物，如鱼肉、蜂蜜、水果。提问孩子，如果邀请蚂蚁来参加聚餐的话，它们会喜欢吃什么呢？我们给蚂蚁举办野餐活动吧。先提醒孩子面对蚂蚁时要小心。

寻找蚂蚁窝。如果发现小土堆中间有明显空洞的话，就可能是一个蚂蚁窝，或者你找到了一只蚂蚁，就跟着它一直到蚂蚁窝。

将准备好的食物分散在地上，把蜂蜜倒在一片树叶上，并将涂了蜂蜜的树叶、鱼肉、水果直接放在地上。近距离观察并提问，蚂蚁会先选择哪种食物。

孩子观察蚂蚁的行为。

提问：蚂蚁会把食物搬回窝里，还是在发现食物的地方把它吃掉？

提问：你认为蚂蚁是怎么知道去哪儿找食物的呢？它们可以看到食物，还是听到食物？

总结：当负责报信的蚂蚁跑回窝里告诉其他蚂蚁，食物在哪里时，会在身后留下一条气味痕迹，以便其他蚂蚁沿着这条线索找到食物。

（注：本活动改编自凯琳·林德著，夏婧译的《儿童科学教育探究》）

培养孩子比较的技能

当孩子的观察技能发展之后，自然而然开始进行比较，比较也是分类技能的基础。父母应鼓励孩子去发现生活中的相似之处与差异。

孩子可以探究自己的身体，并且以一种恰当的方式将自己与动物的身体做对比。例如我们脚上都长有 5 个脚趾，但是马却没有。带领孩子观察小动物，如鸡、鸭，引导孩子注意观察动物脚掌形状的异同，提问：你有几个脚趾？你的脚趾和鸭子的脚趾有什么不一样？鸭子的脚趾之间为什么有蹼呢？这类活动可以帮助儿童意识到不同动物的差异，为他们提供机会，一起讨论为什么动物的身体要有这种特殊的构造。

出去散步时，让孩子观察不同的树木，让孩子比较不同树木的外形，描述它们在光滑或者粗糙、脱皮与否、树皮的厚薄等方面的不同点。

培养孩子的分类技能

分类是根据诸如尺寸、形状、颜色、用途等物体特性进行分组与归类。为了分类，孩子要对物体进行比较并找到一组物体内部的相同特征，使得本组物体区别于别的物体。

将晾晒好的衣物分类完毕，把所有袜子都配对之后，与孩子谈谈其中的差异和相似。之后，将衣物折好，放到正确的位置。提问：应该把袜子放到哪里？应该把T恤放到哪里？孩子可以尝试分类。

洗好餐具，放回柜子之后或者把买好的食物放好之后，与孩子讨论为什么要把餐具或者食物放到指定位置。提问：我们应该把勺子放到哪里？牛奶应该放到橱柜还是冰箱里？把餐具留在餐桌上，让孩子用不同的方式来分组。

收集瓶盖。让孩子将瓶盖分类。依据瓶盖的大小、颜色、功能来进行分类；还可以把瓶盖的轮廓画下来，在上面设计图案，之后把瓶盖贴在纸板上，涂上颜色。

培养孩子测量的技能

测量涉及数量、距离、时间、温度等。鼓励孩子使用对比性的词语来描述事物。如大、小，高、矮，宽、窄等。

在墙上挂一张测量海报，在上面记录孩子的身高和体重，这样孩子就可以经常查看这些数据。让孩子比较自己不同时期的测量值，或者将自己的测量值与父母的测量值做对比。

在测量过程中，父母可以问孩子："你会怎样测量这个物体呢？""你认为哪个物体更长、更重呢？为什么？"可以让孩子使用非正式的测量工具如纸条、物品和身体部位（虎口、手臂等）测量家里和户外的东西。

培养孩子交流的技能

交流是口头表达自己的观点或以写作、画图等方式让人们了解自己的意图。在孩子的探究过程中，交流主要指的是描述技能。孩子会用口头表达自己的想法、目标，或者用记录的方式来交流，如画图、画表格、画地图等。具体形象思维占优势的4—5岁孩子则多有自己的探究记录过程。他们探究后的表达较3—4孩子也有长足的进步，表达交流趋向活跃，而且孩子之间交流语言简洁丰富、表情自然生动，能够有效促进孩子之间的启发与模仿。父母让孩子画表格或者用其他方式来记录自己所观察到的事物时，就是鼓励孩子进行交流。

孩子能找到树叶、种子和果实，可以用一个袋子装上这些东西。孩子可以使用自己的收集物来制作拼贴画、分类、数数和绘画。

父母也可以带着孩子探访一棵树，并讨论树的各个部分，观察树在一年四季的变化，并描绘各个季节的不同变化。

3. 和孩子一起进行有趣的科学活动

父母了解 4—5 岁孩子科学学习的特点，有意识地培养孩子的科学态度和科学技能，现在不妨和孩子一起进行有趣的科学活动，先了解和熟知培养孩子科学素养的途径吧。

种植和饲养

孩子喜欢照料动植物并观察动植物的生长。通过种植和饲养活动，孩子与动植物共成长。孩子会和动植物建立朋友般的亲密感情，种植和饲养活动对培养孩子关爱自然、生命的情感非常有效。同时，他们可以从中获得很多有关动植物生长的知识经验。孩子对动植物的生命成长过程的完整认识，有利于培养孩子长期系统观察的能力以及做观察记录的习惯，此外还可以促进孩子的劳动观念的形成。父母可以按以下步骤教孩子简单的种植和饲养。

选择合适的种植和饲养对象。父母可以选择一些孩子常见的、环境适应性强的、生长速度较快的动植物。例如植物可选易于生长的、有种有收的花卉等。动物则是性情温和，适合孩子观赏、抚摸的可爱小动物。豆子通常生长很快，并且在任意环境中都能良好地生长。在杯子里放上几粒豆子，同时放上潮湿的纸巾，这样孩子就能观察到豆子发芽时的根和茎干，并且记录下植物的生长情况。

引导孩子适当参与，鼓励孩子提出问题和解决问题。例如父母可以给孩子买一种小动物，比如兔子、金鱼、乌龟、小狗等，请孩子照看。问问孩子："小动物都喜欢吃什么呀？""它们都喜欢干什么？"请孩子猜一猜，然后和孩子一起喂养和观察。每天请孩子讲述他的发现，这可以帮助孩子练习有目的的持续观察，并且能学习猜想和验证猜想。父母随时提醒是很重要的，不然孩子可能就会忘记去寻找答案。孩子在探究过程中会不断地出现错误，并且可能坚持不下去。父母需要为孩子创设问题，并支持孩子的探究活动。

父母要教给孩子一些简单的喂养技能和规则。父母应鼓励孩子对动植物生长的问题进行研究，告诉孩子基本的喂养技能，让孩子通过探究总结喂养技能和规则。

引导孩子持续观察动植物的生长。引导孩子关注饲养的动物和种植的植物，做长期追踪记录，培养孩子的责任心和坚持力，等等。

小贴士　种植和饲养的小体验

种向日葵

材料准备：准备一个装有腐殖质土的盆，把向日葵种子种进去，确保种子间隔约 10 厘米。在种子上覆盖 1 厘米厚的腐殖质土，然后浇水。

当向日葵发芽有了 3~4 片叶子后，把它们小心地连同根部周围的土一起挖出来，移种到充满阳光的沃土里（各株植物间距 70 厘米），或者种到更大的花盆里。注意有规律地浇水。9 月末，摘下向日葵的花盘，好好晒干。然后取下葵花籽并保存在干燥的地方。接下来的冬季，这些种子将是鸟类珍贵的食粮。春天再来的时候，记得重新播种哦。

（注：本活动源自克里斯蒂安·沃尔兹著，顾擎译的《玩转大自然——86 个创意亲子活动》）

养小狗

我们家孩子是从 5 岁开始养小狗的，他和自己的狗狗之间建立了深厚的情感。每次去幼儿园的时候孩子都会和狗狗告别，回家后也是特别高兴地和小狗狗玩耍。作为父母，我们会要求孩子自己负责按时给小狗进餐、喝水、陪小狗散步等。孩子居然能够按时完成这些事情，还充满了积极性与热情。孩子也开始关注小狗的生活习惯，观察小狗自身的变化。孩子能敏锐地发现小狗掉毛的微小变化，还特意查找了相关知识，明白了这是和季节的变化有关系等。

（注：本活动源自贺莉的《大班幼儿家庭科学教育研究》）

亲子远足

4—5 岁孩子向往奇遇，向往新奇，所以他很喜欢父母带他出去远足、探险，去各种博物馆。即使在小区散步，也能让孩子兴奋起来。草地上挖野菜、树林里采集落叶、溪边捞蝌蚪等都是孩子感兴趣的事。对天生爱活动的孩子来说，远足是他们最喜欢的活动。孩子在远足中，能近距离接触大自然和社会，在走走停停、说说笑笑、玩玩看看中，发现世界的奥秘。

远足前：

拟定探讨的问题。例如孩子想探究浮萍，远足的主要目的就是孩子观察浮萍生长的环境、采集浮萍样本等。

确定远足的地点和路线。父母预先和孩子一起查询目的地的资料，对目的地有整体了解。不过，只有经过实地考察后，才能确定哪些是真正适合孩子的远足路径。当父母找到合适的远足路线后，先自己到现场考察一下环境，诸如了解地形、测量徒步路线所需的时间。这样做可以让父母提前熟悉路线，并为亲子远足做好准备。

要做哪些准备。父母和孩子一起讨论“要带什么物品”，如水、食品等，“穿什么衣服和鞋子”等，并制订有弹性的活动计划。计划只要确定地点、时间和路程就可以了，不需要制订非常具体的活动流程，否则整个远足就是为了完成计划，影响孩子的探索欲望和兴趣。

远足中：

为了让孩子有充足的精力进行远足，活动当天最好早一点出发。同时，还可以避开一天中最热的时候。

在正式开始之前，可以稍作休息，因为孩子很容易感到疲倦。徒步到一半距离的时候，也要为孩子安排休息时间。

把自己当作这次活动的向导，提前学习一些动植物知识，在徒步过程中可以向孩子介绍。

引导孩子观察周围的事物。

引导孩子收集第一手材料。可以画下来，也可以采集实物。父母还可以拍照、录像和记笔记。

随时回答孩子的各种问题。

观察孩子对此的反应。

远足后：

引导孩子回忆和整理收集的资料，并和孩子讨论途中的问题。

检查孩子在远足前提出的问题是否解决了。

了解孩子有没有新的困惑。

引导孩子下一步要研究的新问题。

小贴士　亲子远足活动——家庭寻鸟之旅

全家人到户外去寻找鸟。父母可以和孩子拟定远足的路线，如公园、鸟类保护区等，可以寻找有下列行为的鸟类：在地上跳着走的、在地面啄食的、独自飞行的、和其他同伴一起飞行的，等等。

选择一种喜欢的鸟，尽可能多地探寻与之有关的内容，借助录像或者相关图书来确认各种鸟类，讲鸟的故事，看鸟的作品和谜语，等等。

亲子科学小游戏

4—5 岁孩子处于具体形象思维为主的阶段，探究的视野扩大，活动目的性比前一阶段明显增强，但是探究兴趣依然较为浅显。4—5 岁是锻炼观察能力、简单的动手操作能力和对科学产生兴趣的阶段。父母利用日常用品、自然物和自然现象，如气候、季节、常见动植物等吸引儿童开展相应的科学游戏活动。日常生活中适当玩一些亲子科学小游戏，不仅能满足孩子探究的愿望，促进孩子社交能力、动手能力、认知能力的发展，开发孩子大脑潜能，促进孩子的想象力和创造力的发展，而且在亲子间的互动和交流中可以拉近双方距离，加强亲子间的情感交流，使父母更深入、细致地了解孩子的个性特征，帮助父母更好地抚养和教育孩子。同时，还可以让父母分享孩子的创造，体会成功的快乐。

所选的亲子科学小游戏不宜过于复杂。游戏内容和形式要与孩子的生活经验和环境密切相关，可以借助日常生活的情景设计游戏，引发孩子的兴趣。

与孩子建立平等的玩伴关系。父母是游戏的积极参与者，是孩子游戏的伙伴，应避免过多的说教和干预。父母做得越多，会使孩子学得越少越被动。在孩子游戏过程中确实出现无法解决或可能对孩子产生不良影响的问题时父母应给予恰当帮助，这样能更好地调动孩子游戏的积极性，充分赋予孩子的想象力与创造力，做游戏的主人。

在游戏中注意培养孩子良好的习惯。如父母与孩子一起制定游戏规则，在游戏过程中，提醒孩子遵守游戏规则，并且鼓励孩子自己探索，自己寻求答案，让孩子体会成功的快乐。游戏结束后，和孩子一起讨论游戏中的表现，多用鼓励的方式评价孩子，并与孩子收拾整理玩具材料。

小贴士　亲子科学小游戏

制作你自己的彩虹

材料：一大盆水、一块白纸板、一面小镜子、一盏台灯、一张有缝的黑卡纸。

实验过程：把镜子斜放在水盆中。把白纸板斜置在镜子对面。手拿黑卡纸，调节方向，让光线从黑卡纸的缝隙中穿过并在镜子上形成反射。耐心调整手中黑卡纸以及斜置的白纸板的角度，直至有彩虹出现在白纸板上。

和孩子一起探讨原因：台灯射出的光并不是单纯的白色或是黄色，而是包含了彩虹的全部色彩。当然，仅凭肉眼没有办法将它们直接区分开来。而当光线透过水时，会出现色散现象，各种色彩彼此分开，然后由镜面反射出来，我们就能在白纸上看到如彩虹般一种色彩紧挨着另一种颜色的画面。

（注：本活动源自克里斯蒂安·沃尔兹著，顾擎译的《玩转大自然——86个创意亲子活动》）

浮浮沉沉

观察引导：沉浮是孩子最容易注意的一个科学现象。在生活与游戏中引导孩子观察水里和水面上的东西，水里有什么？水面有什么？

想一想：引导孩子思考为什么有的东西会漂浮在水面上，为什么有的东西会沉入水底。

玩一玩：

1. 材料准备：大盆子、水、泡沫、纸船、石头、杯子、瓶盖。

2. 亲子共玩：

第一步，将大盆子里装满水。

第二步，让孩子自己判断和预测哪些物品会漂在水上，哪些物品会沉入水底，并把物品分为两类。

第三步，把物品逐一放入水中，观察物品的沉浮状况，引导孩子验证自己的猜测。

第四步，创造发现。和孩子一起想办法，探索如何将本来会沉入水里的物品漂浮在水面上，例如把物品放在更容易漂浮的物品上。如何让浮在水面的东西沉到水底。

（注：本活动源自李姗泽、孙亚娟、蔡红梅编著的《和孩子一起探究世界的秘密——学前儿童科学教育指导书》）

早期亲子科学阅读

父母可以和孩子一起阅读有科学知识的作品，包括故事、儿歌、谜语等，这样有利于扩展和丰富孩子的科学经验，激发他们对科学的兴趣，引导孩子学习科学，帮助孩子理解科学概念。

科普绘本。《海底探险》，“第一次发现”丛书·“透视眼”系列，《苏斯博士科学馆·戴帽子的猫》，“看里面”丛书，《热带雨林大探秘》，“最美的科普”丛书（幼儿版）等。

数学绘本。包括“数学绘本”丛书和《走进奇妙的数学世界（全3册）》等。“数学绘本”丛书通过故事讲述数学概念，比如统计与概率、分类和组织、规律和测量等。《走进奇妙的数学世界（全3册）》以两个小矮人贯穿全书，图文并茂，通过讲故事、出谜题、做游戏等方式，让孩子以最简单、最科学的方式走近数学，喜欢上数学。

回顾与思考

1. 你了解4—5岁孩子好奇心发展的特点吗?
2. 你知道孩子的科学技能包括哪些吗?
3. 你如何发展孩子的科学技能?
4. 你知道开展家庭科学教育活动的途径吗?

10

第 十 章

你问我答

1. 孩子任性怎么办?

我的孩子一不高兴就喜欢在地上打滚、大哭大闹，例如逛街时看见自己喜欢的玩具，父母不给买的话，他就会大声哭泣，怎么劝说都没有用。孩子任性，我该怎么办呢?

任性行为是孩子常见的一种表现，自我意愿不受制约，一味地从心理上、行动上来求得满足，一旦满足又刺激着更多、更大的不满足的心理冲动。任性的孩子常常会为一些小事而莫名其妙地大声哭闹、嘶叫、在地上打滚、不理人、乱扔东西等。父母可以尝试着这样做：

尊重孩子的合理需求。孩子有时表现出任性，这是他们有需要。可以通过满足孩子需要的方法来回应孩子的行为。孩子喜欢的玩具，如果家里没有而又对孩子的发展有益，父母可以满足孩子的需求。

教导孩子健康地表达情绪。孩子有时表现出大哭大闹、就地打滚的行为，是因为无法表达自己受挫的情绪。父母应该教导孩子正确地表达情绪。如鼓励孩子用直接的言语进行表达。“我妈妈要去上班，我不高兴。”“爸爸不让我去踢球，我很生气。”

可以事先跟孩子约法三章。比如带孩子逛街，父母可以提前和孩子讲好不买玩具，避免孩子发脾气。

2. 孩子喜欢看电视怎么办?

我是豆豆爸爸。豆豆从幼儿园回来就一直坐在电视机前，不是看动画片就是看和汽车有关的节目，有时要看好几个小时，我害怕孩子看多了电视对他有不好的影响。

看电视是孩子了解外在世界的窗口，学会一些知识，在一定程度上有助于孩子认知和行为方式的发展。孩子长时间和不正确的看电视方式会给孩子造成身体、视力、智力和性格等方面的危害。如果孩子花了很多时间观看电视，社会交往和体育活动的时间就会减少，孩子缺乏必要的体育活动，身体素质以及对运动的兴趣会降低。父母应该引导孩子正确地观看电视节目，并为孩子提供丰富的学习和户外体育互动。具体可以做如下尝试：

营造良好的家庭氛围，培养孩子广泛的兴趣爱好。父母要以身作则，带头少看电视，减少孩子被动看电视的时间。不要习惯性地打开电视，将电视声音当成背景音乐；或者父母做家务时，为了让孩子安静，让孩子看电视。父母应该多和孩子进行亲子游戏和交流，培养孩子广泛的兴趣爱好，让孩子渐渐将时间花在阅读、户外活动、探究活动上。

控制观看电视的时间。孩子每天看电视的时间不要超过 1 小时。父母还应该注意孩子看电视的坐姿，看电视的距离以 2~4 米为宜，让孩子平视或者向下看，从而保护好孩子的视力。

为孩子选择合适的节目，并引导孩子对节目有正确的认识。父母要针对孩子的实际年龄和知识水平来选择节目内容。节目内容要健康，且要集教育性、知识性、趣味性于一体。父母应有目的地选择节目内容，让孩子在好的节目中获得熏陶，增长见识，健康成长。

3. 孩子不会和别人交往怎么办?

我家健健平时在家里特别爱说话，和家人聊得可起劲了。可是一带出去却像变了一个人，很少说话。每次我带孩子在小区游乐场玩的时候，他从不主动和其他小朋友一起游戏。当别的小朋友找他玩的时候，他总是退缩。从他的神情中，我觉得他也渴望和别的小朋友一起玩。怎样才能让他和别的孩子一起游戏呢?

孩子渴望与同伴交往，但是可能缺乏交往的技巧。父母要创设条件，鼓励孩子积极参与交往活动。当孩子的同伴来家玩时，父母要表现出热情、好客，而不要用厌烦的态度阻止他们，有意无意地限制和减少孩子与同伴的交往。同时也要允许孩子到别人家做客，多给孩子创造结交小伙伴的机会。另外，闲暇时应多带孩子接触社会，如带孩子逛公园、串门做客、逛街购物等，鼓励孩子不断适应新环境，增加孩子与人交往的机会，同时提供孩子在实践中观察和模仿别人交往的机会。

教授孩子社会交往技巧。教给孩子与人交往的技巧，如别人正在玩的玩具，不能硬抢，要用商量的口气征得玩者的同意等。如在孩子接电话时，告诉孩子接电话的礼貌用语、顺序；教孩子学会正确表达自己的思想，在遇到困境时如何求助别人；教孩子学会做客及待客的基本规则、基本礼貌，等等。父母通过与孩子做角色游戏，让孩子扮演各种角色，学会与人交往。

4. 孩子喜欢告状怎么办?

我是圆圆妈妈。我的孩子 4 岁啦，她特别喜欢告状，而且都是一些鸡毛蒜皮的小事，不理她吧，她会很委屈、不高兴；理她吧，又觉得事事都帮孩子处理，会养成孩子的依赖性。我该怎么办呢？

4—5 岁孩子喜欢告状，那是因为他们的规则意识逐渐提高，当他发现别人的行为与自己的理解不一致的时候，他会找父母告状。有时他们和同伴出现矛盾，又缺乏问题解决的方法，他们也会找父母告状。有时还因为嫉妒别的孩子而告状。4—5 岁孩子有一定的社会交往能力，告状的主要原因是想引起成人注意等，而非要大人去对事情的好坏做出反应。他们逐渐注意自己在他人心中的良好形象，注意他人对自己的评价。

父母要了解孩子的表达是否真实可信。孩子正处于自我中心期，他们的想象和现实往往掺杂在一起。因此，会在情绪或者经验的影响下，把事实加以随意扭曲或者改变。有时也会因为表达能力的不足而使事实大打折扣。因此，父母不能急于下结论，对孩子的话偏听偏信，全盘接受。

父母和孩子一起寻求解决问题的策略。如果孩子因为不会解决与同伴交往中的问题向父母告状，父母可以和孩子一起进行讨论，或者提供机会，让孩子自行讨论，找出解决问题的方法，并进行总结，让孩子明确哪些问题可以自己解决，不需要告状。

5. 孩子几岁学艺术最合适?

我是天天妈妈。我希望天天在艺术方面有特长。天天才两岁半，我就专门请了老师教她画画。天天刚满 3 岁又开始学习钢琴和舞蹈。现在天天 4 岁了，已经成了我朋友圈里的“小才女”。可天天爸爸并不赞成这种做法。他认为这样是在“拔苗助长”。我俩还经常因为这个吵架。孩子几岁学艺术最合适呢?

什么时候开始学习乐器及其他一些艺术类别，的确和孩子的年纪有关。准确地说，与孩子的肢体发展、认知理解力和注意力等相关。

以钢琴为例，一般认为 5—6 岁开始学习较合适。我国小学入学年龄为6岁，所以很多家长选择让孩子在5岁左右开始学习钢琴，减轻小学阶段兼顾学习和钢琴的压力。钢琴要求演奏者对手指的小肌肉有较强的控制。3—4岁孩子的小手还没发育成熟，不能较好控制小肌肉。此时学习钢琴不仅不利于手指肌肉的发育，甚至可能把手形练坏。同时，弹奏一个钢琴音约需30克的力量，低音区的力量要求更大。年龄过小的孩子根本无力演奏。另外，钢琴练习需要足够的耐心和注意力，这对低幼的孩子是不小的挑战。而5岁左右孩子的神经系统和手指肌肉发育已逐渐成熟，达到了学习钢琴的基本生理条件。当然并不是说低于5岁的孩子就不能学钢琴。毕竟每个孩子的发展有所不同，家庭的艺术氛围也不一样。父母也可在日常生活中增加钢琴元素，为孩子正式学习钢琴做铺垫，让他们熟悉乐器和乐曲，减少学琴的恐惧感，最重要的是让孩子感受到钢琴给生活带来的快乐。

6. 孩子的亲人去世怎么办？

前不久，孩子的太奶奶去世了。孩子和太奶奶感情一直很好，这几天孩子一直在问，太奶奶去哪里了。我说去旅行了。这样好吗？

丧亲家庭的孩子除了在生理、认知、情绪等方面表现困难外，不适应行为也增多，如失眠、饮食困难、注意力涣散、低同伴依恋、回避社交行为。

父母和家人的态度与表现可以促进孩子对死亡的认识以及悲伤的表达。父母恰当地处理自己的悲伤，乐观、积极可增强孩子对丧亲的接受度。如果父母过分暴露或者压抑悲伤，向孩子传递负面情绪，会阻碍孩子恰当地表达悲伤。

父母要为孩子提供良好的情感表达空间，帮助他接受亲人过世的事实，鼓励他参加活动释放悲伤和压力，可以使孩子变得坚强。由于言语的限制，孩子对悲伤的表达和忍受丧亲的能力也非常有限。同时，为了避免与同龄人的不同，他们恐惧从非直系亲属中接受安慰。因此，抵制试图强迫他们表达情感的行为，通过引导观念的改变可以缓解孩子抵制情绪。

父母对亲人的死亡以诚实、开放的态度向孩子解释，可以帮助孩子建立正确的防御机制，排除不良情绪，提高孩子对死亡的认识。

7. 孩子常做噩梦怎么办?

我的女儿最近总是睡着一个小时后被噩梦惊醒。醒来时，她会哭泣、颤抖，甚至在房间跑来跑去，显得很紧张，也很不安。

做噩梦是 4—5 岁孩子的常见现象，这不是一个很大的问题，但是很多父母为此不安。孩子的这种现象可能会延续好几年，应尽力让孩子白天的生活愉快而且充实，不要对孩子要求太多，不要过于兴奋。孩子惊醒的时候，要安抚她，和她说说话，然后让她回去睡觉。有时可以换个环境睡觉，或者用凉水擦把脸，也是一个好办法。

《不睡觉世界冠军》是一本不错的书，在孩子睡前读这本书，也有一些作用。

总体来说，父母要让孩子有一个愉悦的、放松的、舒适的睡前时间，读读轻松的书，睡前亲亲孩子、抱抱孩子。

8. 孩子总爱问古怪的问题怎么办?

我是天天妈妈。我的孩子总是喜欢提一些古怪的问题，如“小鸟为什么会飞呢”“小狗有妈妈吗”等，最近又对影子着迷了，总是问关于影子的问题。有些问题我也不会回答，真是很烦人。

4—5 岁的孩子虽然已经具有一定的认识能力，但是经验少，智力处在迅速发展阶段，对周围事物非常好奇，因而总爱提问题。

切记不可说“你真烦”或不懂装懂，父母必须有足够的耐心，应该有问必答。

但是有的孩子的问题真的是稀奇古怪，很难回答，你可以和孩子一同查资料，或者先让孩子思考，给自己留一点回旋时间，好去请教别人或查资料。

也可以和孩子一起进行探索活动。父母带孩子在户外玩“捉影子”游戏，引导孩子观察影子的变化。家长与孩子用娃娃和手电筒等材料做游戏，感受影子的长短和光的角度有关。可以问“怎样才能使娃娃有影子呢”“用手电筒照照娃娃，试试怎样使娃娃的影子变长变短”等这样的问题。最后揭示秘密：当光照射到物体上，不同的角度、不同的方向，影子的长短不一样。

了解影子的大小与遮挡物、光的距离有关。“能不能把这只小鸟变成大老鹰呢？”（用手扮作小鸟）孩子移动手电筒的距离，一只雄伟的老鹰来了。

最后揭秘：手电筒离手越近，影子就变得越大，影子的大小和灯光与手之间的远近有关系。

9. 孩子变得爱骂人，爱说脏话，父母该怎么做?

我儿子在跟小朋友玩的时候，时不时会大骂两句，还会讲出一些如“你是蠢猪啊”“笨死了，快滚”之类的脏话。我已经告诉过他很多遍不能骂脏话的道理了，可是状况还没有改变。我该怎么做?

对孩子爱骂人、爱说脏话的现象，父母首先应当寻找孩子说脏话的原因，而不仅仅是厉声制止或者大声训斥。随着 4—5 岁孩子语言能力的飞速发展，他们对成年人日常使用的语言会小心留意、模仿。因此，即使孩子说脏话了，他们仍不清楚什么是脏话，为什么不能说脏话。他们仅仅把脏话当作一种趣味语言，加以效仿。还有的孩子说脏话仅仅是为了引起父母的注意。因为孩子发现自己每次口吐脏话时，父母会脸色大变，吃惊不小，接着就会严厉地批评教育。见到父母做出如此反应，孩子会从中感受到别样趣味，并错误地认为说脏话能够使大人更加关注自己。

所以，如果孩子说脏话是在模仿父母，那父母应当自我检讨，提高自身修养，言传身教，尽量让孩子远离或者不接触脏话，为孩子创造一个文明的语言环境。如果孩子说脏话是为了吸引父母的关注，那父母可以保持平静，不要对孩子的脏话过于敏感，不去理睬孩子的语言，渐渐地，孩子会因为达不到引起注意的目的而放弃说脏话。不论孩子是出于什么原因说脏话，父母都要向孩子明确自己的态度——说脏话是不文明的行为，并且引导孩子学会自我控制，选择文明的方式表达自己的情感。

10. 孩子总喜欢乱涂乱画怎么办？

我是浩浩妈妈。浩浩很爱画画，画得也好。作为妈妈，我感到自豪。可浩浩总喜欢乱涂乱画。家里到处是他的“杰作”。以前我也骂过他，打过他，可没什么效果。浩浩今年 4 岁了，也是大宝宝了，我不想再为这事打骂他，怕影响他对画画的热爱。但有什么其他好方法让他不乱涂乱画呢？

首先，打骂孩子肯定不是好主意。打骂只能让孩子知道不能做什么，却无法告诉他们什么可做，应该怎么做。父母可以准备个大盒子，里面放上足量且种类丰富的画纸，然后明确地和孩子约定只能在盒子里的画纸上画画，其他地方则不行。当然，普通的画纸有时并不能满足孩子的好奇心。因此，父母也可以收集各种出其不意的“画纸”，如快递箱、报纸、泡沫盒、酸奶瓶、旧布料等，把它们放在大盒子里。它们对孩子的吸引力可比墙壁大多了。

还有一个办法就是“把孩子的问题变成让孩子解决问题”。父母看到孩子的画作之后，可以问他为什么要画。面对孩子的涂鸦，父母要了解孩子并不是有意地和你们捣乱，所以不要打骂孩子，而是明确告诉他们应该在哪里画，并且和他们一起寻找解决的办法。

11. 孩子不自信怎么办？

女儿快 5 岁了，幼儿园老师反映她在幼儿园表现得自信心不足。她很少主动参与游戏活动或回答问题，老师让她发言时，她说话声音也特别小。在做户外活动时也不会主动站前面，总躲在后面。我该如何引导她？

孩子为了获得安全感，有时会采取避免抛头露面的方法，以规避外来的压力和紧张，使自己保持一个相对稳定与平和的心态。孩子采取这种策略有两种可能的原因。一种原因是孩子自己感觉缺乏某种技能，另一种是孩子有某种技能，但是担心自己表现的时候会出问题。父母首先要了解孩子的具体情况，再根据不同的情况采用不同的教育方式。

如果孩子的情况是因为缺乏某种技能，那么父母要专门培养和训练孩子这方面的技能，因为自信的基础是有扎实的基本功和实力。父母要密切关注幼儿园的教学进程，了解老师的教学内容。在家里问问孩子，如果掌握得不好，可以再练习练习，但是不可以过于急躁、攀比和指责。一般情况下，孩子在父母的耐心指导下都能学好幼儿园教育要求的基本内容。

如果孩子是担心表现的时候会出问题，父母要着重培养孩子在公众场合说话和表演的心理素质。父母平时可以多鼓励和积极倾听孩子说话，不要总是对孩子发号施令。孩子不执行父母的要求时，也不可以严厉批评，这样会挫伤孩子的自信心。家庭聚会的时候，父母可以鼓励孩子展示自己，有不成熟的地方也不当众指出来，而是悄悄地告诉孩子应该怎么做。另外，父母要常与幼儿园老师沟通，请他们主动创设鼓励孩子说话或表演的机会，让孩子与小伙伴多接触、交朋友，使孩子在安全的气氛和实践操作中锻炼自信心。

12. 孩子总爱问自己是哪里来的，父母该怎么回答?

有一天，幼儿园放学的路上，孩子突然问我:“妈妈，我是从哪里来的?”我当时愣了一下，然后简单地回答他说:“你是从妈妈肚子里生出来的呀。”然后，我赶紧转移了话题。过了两天，他又问了我同样的问题，我虽然不愿意像我的父母那辈人一样骗孩子，说出各种奇葩的答案，但是，我真的不知道该怎么开口跟一个4岁的孩子解释这个问题。请给我一些建议，好吗?

当4—5岁懵懵懂懂的孩子来问你这个问题时，请你不要刻意回避躲闪，而是把握这个性教育的时机。首先对孩子的问题给予肯定，然后给孩子正确引导和耐心解释。比如，你可以说:“妈妈很高兴你问了这个问题。宝宝长大了，想知道自己从哪里来的，这很正常。你是爸爸妈妈爱情的结晶。想要生宝宝，首先要一男一女相亲相爱，然后爸爸的精子和妈妈的卵子结合在一起便有了你。你住在妈妈的子宫里，吸收营养，健康成长，10个月之后你就从妈妈的肚子里生出来了，而这一天就是你的生日。”不要担心孩子是否能够听得懂，他们的年纪还不足以理解精子、卵子等名词。他们的问题主要是出于他们的好奇心。只要你认真地、大大方方地回答了他们的问题，用正确的方式满足了他们的好奇心，他们大都不会再继续追问下去。

其实，父母也可以主动出击，抓住时机对孩子进行性教育，给孩子正确的引导。比如，你带孩子去医院看望刚生宝宝的朋友，你可以指着小床上可爱的婴儿说：“宝贝，你看小宝宝多可爱。小宝宝是从阿姨的肚子里生出来的。你知道吗？每个婴儿都是在妈妈的子宫里吸收营养慢慢长大，最后从妈妈的肚子里生出来。你也是这样出生的哦。”主动进行性教育让父母避免了在被孩子突然袭击时的不知所措、胡乱搪塞。

如果父母实在不知应该怎么回答 4—5 岁孩子提出的“我是从哪里来的”这样的问题，那么请帮他们挑选一两本相关的绘本，比如，国内的《我从哪里来》，国外的《小威向前冲》，等等。重要的是父母和孩子一起阅读，配合着绘本里面生动可爱的图片和简单的文字给孩子讲述这个过程，孩子能更容易理解。

比起孩子是否真正理解这个问题，更为重要的是，作为父母认真地对待了 4—5 岁孩子对性的早期探索，而没有因为害羞而闪烁其词，甚至反应过激。这样反而会强化孩子的好奇心，向孩子传递出性的问题是羞于启齿的错误信息，会让孩子觉得性的问题是让人羞耻的、尴尬的，不能大方坦然地去面对。所以，作为父母，请用正确的态度给孩子传递正确的信息。

主要参考文献

中文文献

1. 北京师范大学家庭教育课题组 . 4 岁孩子 4 岁父母 .［M］北京：现代教育出版社，2017.

2. 黄瑾，林琳 . 幼儿艺术教育与活动指导［M］. 上海：华东师范大学出版社，2015.

3. 金晓梅 . 幼儿艺术教育与活动指导［M］. 武汉：武汉大学出版社，2015.

4. 晏红 .0—6 岁宝宝情绪管理指南［M］. 北京：清华大学出版社，2015.

5. 鄢超云，魏婷 .《3—6 岁儿童学习与发展指南》中的学习品质解读 . 幼儿教育·教育科学，2013（6）：1–5.

6. 彭琦凡 .3—6 岁幼儿科学探究的年龄特点及其引导 . 学前教育研究，2010（12）：27–30.

7. 姜月，王茜，杨宇然 . 人生探脉：发展心理学通俗读本［M］. 北京：北京大学出版社，2009.

8. 刘筱娴 . 化险为夷助成长——儿童意外伤害应急健康教育画

册［M］. 北京：中国协和医科大学出版社，2006.

9. 施燕 . 学前儿童科学教育（修订版）［M］. 上海：华东师范大学出版社，2006.

10. 张俊 . 幼儿园科学教育［M］. 北京：人民教育出版社，2004.

11. 凯琳·林德 . 儿童科学教育探究［M］. 夏婧，译 . 成都：四川少年儿童出版社，2015.

12. 罗伯特·费尔德曼 . 发展心理学——人的毕生发展（第六版）［M］. 北京：世界图书出版公司，2013.

13. 冈萨雷斯 – 米娜 . 儿童、家庭和社区——家庭为中心的早期教育（第 5 版）［M］. 郑福明，译 . 北京：高等教育出版社，2012.

14. 路易丝·埃姆斯，弗兰西斯·伊尔克 . 你的 N 岁孩子系列（1—6 岁）［M］. 玉冰，译 . 南昌：江西科学教育出版社，2012.

15. 贝蒂 . 幼儿发展的观察与评价（第 7 版）［M］. 郑福明，费广洪译 . 北京：高等教育出版社，2011.

外文文献

1. Meeker. M. Strong fathers, strong daughters［M］. Washington, DC: Regnery Publishing, Inc, 2006.

2. Pollack, W. Real boys. New York, NY: Owl Books, 1998.

3. Galinsky, E. Mind In The Making: The Seven Essential Life Skills Every Child Needs. Harperstudio, 2010.

后 记

《这样爱你刚刚好》是自孕期开始至大学阶段一套完整的新父母教材，全套共20册，0—20岁每个年龄段一本。之所以如此设计，是基于向不同年龄孩子的父母提供精准专业服务的需要。与常见的家庭教育图书相比，它不是某一位作者的个人体会和心得，而是40余位国内家庭教育专家集体研究和讨论的结晶，具备完整、科学的体系，代表了我国家庭教育发展的主流。

全国政协副秘书长、民进中央副主席、中国教育学会家庭教育专业委员会理事长、新教育实验的发起人朱永新教授，最先提出了编写如此庞大规模的新父母教材的设想，并且担任了第一主编。我和新家庭教育研究院副院长蓝玫一起，与中国青少年研究中心家庭教育研究所所长、《少年儿童研究》杂志主编刘秀英编审，中国青少年研究中心少年儿童研究所所长孙宏艳研究员和上海师范大学学前教育系主任、博士生导师李燕教授三位分主编，讨论并确立了本套教材的编写框架。

在中国的家庭教育领域，已经有多种多样的教材或读本，但水平参差不齐，而决定质量的关键因素是编写思想与专业水准。因此，新家庭教育研究院联合中国青少年研究中心和上海师范大学一起组建高水平的专业团队，来完成这一重大而具有创新意义的任务。具体分工如下：由上海师范大学学前教育系承担孕期及学前教育阶段的编写任务，由中国青少年研究中心家庭教育研究所承担小学教育阶段的编写任务，由中国青少年研究中心少年儿童研究所承担中学教育及大学阶段的编写任务。

孕期及学前教育阶段的作者是：孕期，上海师范大学副教授王晓芳，上海师范大学讲师赵燕；0—1岁，南京市江宁区竹山幼儿园教研主任陈露，小小运动馆课程总监杨薇；1—2岁，上海师范大学闵行区实验幼儿园教师胡泊；2—3岁，上海师范大学天华学院教师王英杰，上海市青浦区教师进修学院教师黄开宇；3—4岁，安徽池州学院教师吴慧娴，上海市宝山区吴淞成人中等文化技术学校教师吕芳；4—5岁，上海师范大学天华学院学前教育专业主任、副教授扶跃辉，上海师范大学天华学院教育学院院长助理张丽，王茜、潘莉萍、李艳艳、黄海娟、杨艳等教师参加编写；5—6岁，上海市闵行区莘庄幼儿园教师申海燕、陆夏妍。

我与刘秀英、孙宏艳和李燕三位分主编担任了审读与修改任务，在我突患眼疾的情况下，蓝玫副主编、首都师范大学副教授李文道博士承担了部分书稿的审读任务。第一主编朱永新教授亲自审读了每一册书稿，并提出了细致的意见，承担了终审的责任。

湖南教育出版社在黄步高社长的坚强领导下，不仅以强大的编辑团队完成了出版任务，而且创办了一年一度的家庭教育文化节，为推进我国家庭教育发展提供了强大的学术支持，展现了优秀出版社的远见、气魄和水准。

作为一个从事教育事业45年的研究者，我撰写和主编过许多著作，却很少有过编写新父母教材这样细致而艰巨的体验：从研讨到方案，从创意到框架，从思想到案例，从目录到样章，等等。尽管如此，这套教材还存在很多不足。同时我也深知，一套教材的使命，编写与出版其实只是完成了一半，另一半要依靠读者完成。或者说，只有当读者认可并且在实践中发展和创新了，才是一套教材的真正成功，也是对作者和编者的最高奖赏。

我们诚恳希望广泛听取读者和专家学者的批评指正，我们对您深怀敬意和期待！

孙云晓

2017年9月

图书在版编目（CIP）数据

这样爱你刚刚好，我的4—5岁孩子 / 朱永新，孙云晓，李燕主编. —长沙：湖南教育出版社，2017.11
ISBN 978-7-5539-5730-2

Ⅰ. ①这… Ⅱ. ①朱… ②孙… ③李… Ⅲ. ①学前儿童—家庭教育 Ⅳ. ①G781

中国版本图书馆CIP数据核字（2017）第214026号

ZHEYANG AI NI GANGGANGHAO，
WO DE 4—5 SUI HAIZI
书　　名　这样爱你刚刚好，我的4—5岁孩子
出 版 人　黄步高
责任编辑　舒佩霞　张志红
封面设计　天行健设计
责任校对　崔俊辉　张　征
出　　版　湖南教育出版社（长沙市韶山北路443号）
网　　址　http：//www.hneph.com
电子邮箱　hnjycbs@sina.com
微信服务号　极客爸妈
客　　服　电话 0731-85486979
发　　行　湖南省新华书店
印　　刷　深圳当纳利印刷有限公司
开　　本　787×1092　16开
印　　张　12.25
字　　数　100 000
版　　次　2017年11月第1版　2017年11月第1次印刷
书　　号　ISBN 978-7-5539-5730-2
定　　价　48.00元

如有质量问题，影响阅读，请与湖南教育出版社联系调换。
联系电话：0731-85486979